Las Ocho Columnas De La Prosperidad

James Allen

© James Allen

© BN Publishing
Fax: 1 (815)6428329
Contact Us: info@bnpublishing.net
www.bnpublishing.net

Primera edición, septiembre 2009

Diseño Portada: José Andrés Neuman

Reservados todos los derechos. Queda prohibida sin la autorización escrita de los titulares del copyright, la reproducción total o parcial de esta obra por cualquier medio o procedimiento.

INDICE

	Página
Las Ocho Columnas	7
PRIMERA COLUMNA. — *Energía*	21
Elementos: Diligencia, Vigilancia, Laboriosidad, Celo.	
SEGUNDA COLUMNA. — *Economía*. . . .	37
Elementos: Moderación, Eficacia, Ingeniosidad, Originalidad.	
TERCERA COLUMNA. — *Integridad*. . . .	57
Elementos: Honradez, Intrepidez, Resolución, Entereza.	
CUARTA COLUMNA. — *Método*	69
Elementos: Perspicacia, Exactitud, Utilidad, Precisión.	
QUINTA COLUMNA. — *Simpatía*	83
Elementos: Benevolencia, Generosidad, Nobleza, Intuición.	

Página

SEXTA COLUMNA. — *Sinceridad* 99
    Elementos: Sencillez, Ascendiente, Perspicacia, Prestigio.

SÉPTIMA COLUMNA. — *Imparcialidad* . . . 111
    Elementos: Justicia, Paciencia, Serenidad, Sabiduría.

OCTAVA COLUMNA. — *Confianza propia* . . 125
    Elementos: Decisión, Firmeza, Dignidad, Independencia.

El Templo de la Prosperidad 139

PREFACIO

Se cree generalmente que la prosperidad de los individuos y de las naciones sólo puede resultar de su regeneración política y social; pero esto únicamente ocurre cuando practican las virtudes morales los individuos que constituyen una nación. Al incremento de la moralidad de los individuos de un país, seguirán siempre más sabias leyes y mejores condiciones sociales; y sin embargo, ningún decreto legislativo podrá dar prosperidad ni tampoco impedir la ruina del individuo o nación que se hayan relajado en el ejercicio de la virtud.

Las virtudes morales son el fundamento y sostén de la prosperidad, como asimismo son el alma de la dignidad y nobleza. Estas virtudes perduran y sobre ellas ha de apoyarse toda perdurable obra humana. Sin ellas no hay fortaleza ni estabilidad ni realidad substancial, sino tan sólo efímeros desvaríos. Los principios morales equivalen a prosperidad, grandeza, verdad, y por lo tanto, a ser fuerte, valiente, generoso y libre.

JAMES ALLEN

Bryngoleu.
Ilfracombe.
Inglaterra.

Las Ocho Columnas

La prosperidad descansa sobre una base moral. Generalmente se cree que descansa sobre una base inmoral, es decir, sobre el fraude, el dolo, la codicia y la estafa. Aun gentes de buen entendimiento dicen que la honradez sobra para hacer fortuna en los negocios, con lo que suponen que un bien como el de la prosperidad comercial puede ser efecto de un mal como la picardía. Semejante afirmación es superficial e insensata y denota completo desconocimiento de los principios morales, así como muy limitada observación de los hechos de la vida. Es como quien sembrara beleño para cosechar espinacas o edificase una casa sobre arena; cosas imposibles en el orden causal, y que, por lo tanto, nadie debe intentar. La ley moral ó espiritual de causalidad no admite diferencias esenciales, sino tan sólo de especie. La misma ley rige en las cosas invisibles, como los pensamientos, que en las cosas visibles, como los fenómenos de la naturaleza. El hombre echa de ver el proceso de los objetos naturales y obra de conformidad con él;

pero no ve el proceso espiritual, y como se figura que no existe, no actúa en armonía con él.

Sin embargo, este proceso espiritual es tan sencillo y seguro como el proceso natural, pues también tiene el mundo de la mente sus *naturales* modos de manifestación. Todas las parábolas y gran número de sentencias de los Instructores representan esta verdad. El mundo natural es la visible manifestación del mundo mental. Lo visible es el espejo de lo invisible. La mitad superior de un círculo no es, en modo alguno, diferente de la mitad inferior, aunque su esferoicidad está invertida. Lo material y lo mental no son en el universo arcos separados, sino las dos mitades de un círculo completo. Lo natural y lo espiritual no son eternos enemigos; por el contrario, en el verdadero orden del universo están eternamente unidos. La división proviene de lo *antinatural,* del abuso de las funciones y facultades, cuando el hombre, con los subsiguientes sufrimientos, se extravía del perfecto círculo de donde partió. Todo proceso de la materia es también un proceso de la mente. Toda ley natural tiene su recíproca espiritual. Si bien indagamos, encontraremos en la esfera mental el origen de todo objeto natural. Consideremos, por ejemplo, la germinación de una semilla y su crecimiento en planta, con el final desarrollo de la flor que a su vez da otra semilla. Así es también el proceso mental, porque los pensamientos son semillas que al caer en el terreno de la mente germinan y se desarrollan hasta la plenitud para florecer en acciones buenas o malas, nobles o viles, según su naturaleza, y dar nuevas semillas de pensamiento sembradas en otras mentes. Un maestro es un sembrador de simiente, un agricultor espiritual; mientras que quien a sí mismo se enseña es el discreto cultivador de su predio mental. Los pensamientos crecen lo mismo que las plantas. La semilla debe sembrarse oportunamente y necesita su tiempo para desarrollarse con toda plenitud en la planta del conocimiento y echar flores de sabiduría.

Al escribir esto, detengo la pluma y me vuelvo a mirar por la ventana de mi gabinete. Cien yardas más allá veo un corpulento árbol en cuya copa fabricó, por vez primera, su nido una atrevida corneja emigrada de algún cornejal cercano. Sopla fuerte viento del nordeste que sacude violentamente la copa, y sin embargo, no conmueve el frágil nido de pelusa y ramas, donde la hembra empolla sin temor a la borrasca. ¿Por qué así? Porque el ave ha fabricado instintivamente su nido en armonía con los principios que le aseguran el máximo de resistencia y seguridad. Primeramente, para cimentarlo, escoge una rama ahorquillada y no el hueco entre dos ramas, con lo que, por mucho que se cimbree la copa, no se altera la posición del nido ni se desarregla su estructura. Sobre este cimiento levanta la corneja el nido con base circular para ofrecer la mayor resistencia posible a las presiones exteriores, así como para conseguir la más perfecta solidez interna, de conformidad con su propósito, de suerte que, aunque brame la tormenta, están las aves cómodas y seguras. Una cosa tan vulgar y sencilla como ésta, es para el discreto, por la estricta obediencia de su estructura a las leyes matemáticas, una iluminadora parábola que nos enseña que únicamente podemos gozar de perfecta seguridad, sosiego y paz entre las vicisitudes y turbulencias de la vida, si conformamos nuestras acciones con los inmutables principios.

Las casas o templos construídos por el hombre son de más complicada fábrica que el nido de un ave; y sin embargo, también está sujeta su edificación a los principios matemáticos que por doquiera evidencia la naturaleza. Aquí vemos cómo el hombre obedece los principios universales en las cosas materiales. Nunca se empeñará en levantar un edificio con burla de las proporciones geométricas, porque sabe que le resultaría endeble y que se derrumbaría al primer soplo, si ya no se hubiere derrumbado durante la edificación. En las construcciones materiales obedece el hombre escrupulosamente los invariables principios del círculo, del cuadrado, del ángulo, y con ayuda de la regla, la plomada y el compás, levanta un edificio capaz de resistir las más violentas tempestades y de proporcionarle tranquilo refugio y segura protección.

Tal vez diga el lector que todo esto es muy sencillo; pero precisamente es sencillo porque es verdadero y perfecto. Tan verdadero es, que no consiente reparo, y tan perfecto que no admite mejora. El hombre aprendió por larga experiencia los principios del mundo material y comprende cuán prudente es obedecerlos. Así me he referido a ellos para considerar los invariables principios del mundo mental y espiritual, que no obstante ser igualmente sencillos, eternos, verdaderos y perfectos, apenas los comprende el hombre y los quebranta día tras día, ignorante de su naturaleza e inconsciente del daño que sin cesar se acarrea.

En la mente y en la materia, en los pensamientos y en las cosas, en las obras humanas y en las operaciones de la naturaleza, hay una inmutable ley fundamental cuya consciente o inconsciente ignorancia conduce a la derrota y al fracaso. De la ignorante violación de esta ley provienen todos los dolores y tristezas de este mundo. En la materia toma esta ley aspecto *matemático;* en la mente toma carácter *moral.* Pero lo matemático y lo moral no están separados y opuestos, sino que son dos aspectos de una sola y eterna unidad. Los invariables principios matemáticos, a que toda materia está sujeta, son el cuerpo animado por la ética, mientras que los eternos principios de moral son axiomas matemáticos que operan en el universo de la mente. Tan imposible es la vida dichosa con quebranto de los principios morales, como la edificación sólida con desconocimiento de los principios matemáticos. Los caracteres, como las casas, sólo permanecen sólidos y firmes cuando se basan sobre la ley moral y se edifican lenta y laboriosamente, acto tras acto, porque en la edificación del carácter son ladrillos las acciones. El trabajo humano está sujeto también a la ordenación eterna, y para su eficacia ha de obedecer a leyes fijas e inmutables. Si la prosperidad ha de ser estable y duradera, debe descansar en los sólidos cimientos de la moral y apoyarse sobre los diamantinos pilares del carácter íntegro y de la valía moral. Quien trate de emprender un negocio a despecho de los principios morales fracasará inevitablemente. En toda sociedad prosperan y triunfan en definitiva los hombres de noble y leal conducta, no los fulleros y estafadores. En la sociedad británica tienen fama los *cuákeros* de ser muy justos, y verdaderamente son quienes mayor prosperidad disfrutan. Los *jainos* de la India corren parejas en fijeza de principios y austeridad de vida con los *cuákeros* y son el pueblo más próspero del Indostán.

En el lenguaje corriente se emplea la frase «fundar un negocio»; y en efecto, tanto para fundar un negocio como para edificar una casa se necesita previamente un proceso mental. La prosperidad, por la protección y sosiego que da al hombre, puede compararse a la techumbre casera que lo cobija. La techumbre necesita apoyo y el apoyo necesita fundamento. La techumbre de la prosperidad está apoyada en ocho columnas con básico fundamento de consistencia moral.

Las ocho columnas son:

Energía.	Simpatía.
Economía.	Sinceridad.
Integridad.	Imparcialidad.
Método.	Confianza.

Toda empresa levantada sobre la cumplida práctica de estos ocho principios será tan firme y duradera como invencible. Nada podrá dañarla ni socavarla ni derruirla; por el contrario, se acrecentará su éxito en tanto no se aparte de dichos principios. Pero si estos faltan, no podrá tener éxito alguno, ni siquiera merecerá el nombre de empresa, porque no habrá nada que enlace adherentemente unas partes con otras y se echará de menos la vida, nervio y consistencia que da forma, cuerpo y alma a una cosa cualquiera que sea. No será capaz de realizar empresas felices el hombre que en su vida diaria desconozca estos principios o que de ellos tenga noción ligera e imperfecta. Podríamos imaginarnos a semejante hombre dirigiendo una agencia de estafadores, pero en modo alguno al frente de una empresa honrada, como centro de un organismo comercial y director responsable de una modalidad de la vida. Toda persona de mediano criterio y regular sentido moral convendrá en que el hombre acanallado no puede lograr éxito durable en sus empresas, y este general asentimiento demostrará cuán equivocados están quienes, por no comprender todavía la importancia de estos principios, declaran que la honradez es más bien estorbo que factor de prosperidad, pues si así fuese estaría el éxito en directa proporción de la inmoralidad.

Por lo tanto, los referidos ocho principios son, en mayor o menor grado, los factores del éxito, las columnas fundamentales de la prosperidad; y aunque las apariencias contraríen esta afirmación, no cabe duda de que dichos principios animan y sostienen todo esfuerzo coronado por el éxito.

Cierto es que relativamente pocos hombres los practican en toda su entereza y perfección; pero entre estos pocos se encuentran los maestros, guías e instructores de hombres; los sostenes de la sociedad civil, los valerosos zapadores que marchan a la vanguardia de la evolución humana. Y aunque pocos logran la perfecta moral en que culmina el éxito, todo éxito menor resulta de la parcial observancia de dichos principios, tan eficaces para el bien, que aun la sola perfección en dos o tres de ellos basta para asegurar un ordinario grado de prosperidad y mantener cierta medida de influjo personal, al menos durante algún tiempo, mientras que la perfección en dos o tres y la parcial excelencia en todos o casi todos los demás, convertirá en permanente el éxito transitorio y acrecentará su influencia en exacta proporción del más íntimo conocimiento y más severa práctica de los principios morales que hasta ahora están incorporados tan sólo parcialmente en nuestro carácter.

Las líneas fronterizas de la moralidad de un hombre señalan los límites de su éxito. Tan verdad es esto, que para justipreciar matemáticamente la valía moral de un hombre bastaría conocer su último éxito o su último fracaso. El templo de la prosperidad sólo podrá mantenerse en pie mientras se apoye en sus columnas morales, que al flaquear amenazarán la seguridad del edificio, y si las quitáramos se derrumbaría la obra hecha escombros. Cuando se desconocen o menosprecian los principios morales, sobreviene forzosamente, en último término, el fracaso o la derrota, pues así lo exige la inevitable ley de causa y efecto. De la propia suerte que una piedra lanzada al aire cae de nuevo al suelo, así toda acción buena o mala recae sobre su autor. Todo acto amoral frustra su propósito y toda acción recta apresura su acabada realización. Además, cada acto moral es un nuevo ladrillo del templo de la prosperidad, otro arco de recia y esculpida belleza en las columnas que lo sostienen.

Individuos, familias y naciones medran y prosperan en armonía con su medro y prosperidad en virtud y conocimiento; decaen y fracasan relativamente a su relajación moral.

Tanto física como mentalmente sólo permanece y perdura lo que tiene forma y solidez. Lo inmoral es vacuo, y la vacuidad no da forma alguna, porque es la negación de la substancia y de la forma, un proceso de despojo espiritual. La inmoralidad equivale a destrucción, y al socavar y derruir deja esparcidos los materiales con que el prudente constructor llamado *moralidad* edifica de nuevo. La moralidad es a la par substancia, forma y poder constructivo. La moralidad siempre edifica y conserva, porque está en su naturaleza y es la antítesis de la inmoralidad, que siempre derruye y derrumba. La moralidad es, por doquiera, el arquitecto de individuos y de naciones.

La moralidad es invencible, y quien con ella permanece hasta el fin, permanece sobre una roca inexpugnable, de modo que su triunfo es seguro y su vencimiento imposible. Habrá de sufrir pruebas muy duras, porque sin lucha no hay victoria, y sólo así le será posible perfeccionar sus cualidades morales y medir su fuerza por el patrón de los invariables principios a que han de sujetarse todas las cosas debidamente acabadas.

El maestro herrero somete a rigurosas pruebas de resistencia las barras de acero destinadas a los delicados e importantes usos industriales, para asegurarse de su estructura y eficacia antes de expedirlas de la fundición. El ladrillero desecha los ladrillos que ceden al mucho calor. Análogamente, quien haya de lograr éxitos definitivos y permanentes pasará por el torcedor de la adversidad y por el fuego de la tentación, sin detrimento de su naturaleza moral, que saldrá de la prueba hermoseada y fortalecida. Será cual barra de bien fundido acero, adecuada a los más delicados usos, y el mundo verá, como el herrero en su bien fundida barra, que el uso confirma su valía.

La inmoralidad es vulnerable en todos sus puntos, y quien intenta sustentarse en ella se hunde en el abismo de la desolación. Aun cuando parece que prosperan, sus esfuerzos se desmoronan y desvanecen. El fracaso es a la postre inevitable. Mientras el malvado se goza en sus mal adquiridas riquezas, se le abre en el bolsillo un agujero por donde se le cae el oro. El que empieza bien las cosas y en la hora de la prueba claudica por el cebo de la ganancia, es como el ladrillo que se resquebraja al primer toque con el fuego. No sirve para el uso, y el mundo lo desecha, aunque no definitivamente, porque es un ser humano y no un ladrillo, y puede vivir y aprender, arrepentirse y rehabilitarse.

La fortaleza moral es el alma de todo éxito y el sustentador elemento de toda prosperidad; pero hay varias especies de éxito, y es frecuentemente necesario que un hombre fracase en determinado sentido, para que pueda alcanzar en otro mayor y más ruidoso éxito. Por ejemplo, si un genio literario, artístico o espiritual empezara por empeñarse en negocios de lucro, podría ocurrir, y así ocurre a menudo, que en ventaja y mejoramiento de su genio, fracase en aquel empeño para proporcionarle ocasión de obtener esplendentes triunfos en labores adecuadas a sus sobresalientes cualidades. No pocos millonarios darían toda su fortuna a trueque de la gloria literaria de un Shakespeare o del triunfo espiritual de un Buda, y aun les parecería haber hecho un buen negocio. Los excepcionales triunfos del espíritu rara vez van acompañados de riquezas materiales; y sin embargo, los éxitos mercantiles no pueden compararse con aquellos en magnitud y grandiosidad.

Pero en esta obra no he de tratar del éxito de los santos o genios espirituales (pues de este asunto me ocuparé en otra obra), sino del éxito relacionado con el bienestar, provecho y dicha de la mayoría de las gentes, es decir, con la prosperidad de la masa general de la especie humana.

Trataré del éxito y de la prosperidad que, más o menos relacionados con el dinero, y por lo tanto transitorios, no se contraen al lucro material, sino que abarcan todas las actividades humanas y se refieren más particularmente a la armonía del individuo con las circunstancias de que provienen la interna satisfacción llamada dicha y el placer conocido con el nombre de prosperidad.

Veamos cómo operan los ocho principios para cumplir este fin tan conveniente al género humano, y cómo la techumbre de la prosperidad se levanta y asegura sobre las columnas que la sustentan.

Primera columna.-Energía

Energía es la fuerza viva operante en toda empresa. Convierte en ascua el inerte carbón y transmuta en vapor el agua. Intensifica y aviva el talento vulgar hasta aproximarlo al genio, y si toca la mente del estúpido alumbra en ella el fuego que ocultaban las cenizas.

La energía es una virtud moral cuyo opuesto vicio es la pereza. Como virtud es la energía susceptible de cultivo y el perezoso puede llegar a ser enérgico si se le obliga al ejercicio. Comparado con el hombre enérgico no está el perezoso ni medio vivo. Mientras el perezoso pondera la dificultad de una cosa, el enérgico ya la está haciendo.

El hombre diligente ha cumplido mucha labor antes de que el perezoso se despierte. Entretanto que el perezoso espera la ocasión, el diligente sale a buscarla y encuentra y aprovecha unas cuantas. Mientras uno trabaja, el otro se restriega los ojos.

La energía es una fuerza primordial sin la que nada puede realizarse. Es el básico fundamento de toda modalidad activa. El universo entero es una manifestación de infatigable energía. Verdaderaramente, la energía es vida y sin ella no habría universo ni habría vida.

Cuando el hombre deja de respirar y yace el cuerpo inerte con todas sus funciones inactivas, decimos que ha muerto. Así el hombre inactivo está como muerto. Física y mentalmente está constituído el hombre para la acción y no para la grosera ociosidad. Cada músculo de su cuerpo, dispuesto como palanca movible, es una reconvención para el perezoso. Los huesos y los nervios están adecuados a la resistencia y toda función y facultad tienen su legítimo uso. Todas las cosas tienen su fin en la acción y se perfeccionan con el uso.

Por lo tanto, no puede prosperar el perezoso, ni hay para él dicha ni refugio ni descanso ni siquiera la comodidad que apetece, pues a la postre se convierte en un paria sin hogar, en un hombre conturbado, tedioso, menospreciado. Así dice el proverbio: «El perezoso es el que más penosamente trabaja». En efecto, para eludir la metódica labor de habilidad, carga con la parte más pesada.

El hombre enérgico se esfuerza en cumplir su propósito, que puede ser bueno o malo; pero si es malo abusará de su energía, cuyos efectos recaerán sobre él, de la propia manera que se daña quien golpea una pared con los puños. La energía en sí es buena siempre, y únicamente provechosa cuando se aplica a buen fin, que, una vez alcanzado, constituye la dicha, el éxito y la prosperidad.

Sin embargo, vale más la energía, aun torcidamente aplicada, que carecer de ella. Así dice San Juan en estas vibrantes palabras: «Quiero veros fervorosos o fríos; pero si sois tibios os escupiré de mi boca». Los extremos de fervor y frialdad simbolizan aquí el agente de energía transmutado en sus aspectos bueno y malo. El estado de tibieza es incoloro, mortecino e inútil, pues no puede asignársele virtud ni vicio, sino que sencillamente es vacuo, estéril e infructífero.

El hombre que aplica a malos fines su abundante energía tiene al menos en reserva la virtud del esfuerzo, y el mismo vigor que despliega para lograr sus egoístas propósitos le suscitará tales obstáculos, penas y tribulaciones, que le aleccionarán por experiencia hasta que, por último, rectifique su base de acción. En el momento oportuno, cuando los ojos de su mente se abran a más levantados propósitos, virará en redondo para abrir nuevos y mejores canales por donde fluya su energía, y entonces será precisamente tan fuerte para el bien como lo fué antes para el mal. Esta verdad está hermosamente expresada en el viejo aforismo que dice: «Los más grandes pecadores llegan a ser los mayores santos».

La energía es fuerza y sin ella no es posible realizar cosa alguna, ni siquiera habrá virtud, porque la virtud no sólo consiste en no obrar mal, sino también y principalmente en obrar bien.

Hay quienes acometen una empresa y fracasan por insuficiente energía. Sus esfuerzos son demasiado débiles para producir resultados positivos. Estos tales no son viciosos, y como nunca obran deliberadamente mal, dícese de ellos que son buenas gentes sin acierto para triunfar. Pero la falta de iniciativa para el mal no es de por sí bondad; es tan sólo flaqueza e impotencia. El verdaderamente bueno es quien, con fuerzas suficientes para obrar mal, dirige sus energías por los caminos del bien.

Por lo tanto, sin un considerable grado de energía no podrá haber fuerza moral. Lo que de bueno haya quedará latente y dormido sin producir el bien, como no puede haber movimiento mecánico sin fuerza motora. La energía es la fuerza determinante en todos los órdenes de la vida, tanto en el aspecto material como en el espiritual. El llamamiento a la acción, que brota de los labios y de la pluma de los pensadores, invita a despertar las dormidas energías y a cumplir vigorosamente nuestra labor. Los hombres dados a la contemplación y la meditación nunca cesan de exhortar a sus discípulos a que se ejerciten en la disciplina del pensamiento. La energía es igualmente necesaria en todas las esferas del pensamiento. La energía es igualmente necesaria en todas las esferas de la vida, pues no solamente convienen las reglas de acción al soldado, al ingeniero y al comerciante, sino que casi todos los preceptos de los sabios, santos e instructores van encaminados a la accion.

El consejo de uno de los más insignes instructores a sus discípulos, cuando les decía: «Manteneos siempre despiertos», expresa claramente la necesidad de una infatigable energía para cumplir todo propósito, y este consejo es tan sano para el comerciante como para el santo.

La perpetua vigilancia es el coste de la libertad, y la libertad es el logro de un propósito definido. El mismo Instructor dijo: «Si algo hubiereis de hacer, poned luego vigorosas manos a la obra». Se echa de ver la sabiduría de este consejo al recordar que la acción es de por sí creadora y que del legítimo empleo de la actividad proviene el acrecentamiento de las fuerzas. Para adquirir más energía hemos de usar en toda su plenitud la que ya poseemos. Tan sólo al que tenga le será dado. Tan sólo descienden el poder y la libertad al que pone vigorosas manos en su obra.

Mas para que la energía sea eficaz, no sólo ha de estar aplicada a nobles fines, sino que debe regularse y conservarse. La conservación de la energía es la moderna expresión del principio de la naturaleza según el cual la energía no se consume ni se pierde; y quien quiera que sus energías den fruto debe obedecer inteligentemente a este principio. El tumulto y la precipitación malgastan muchas energías. Cuanto mayor es el apresuramiento menor es la velocidad. Al máximo de bullicio acompaña casi siempre el mínimo de labor. Con mucha conversación hay escasa obra. El vapor que actúa es silencioso, pero el que se escapa mueve mucho ruido. La concentrada pólvora lanza el proyectil al blanco. En la proporción que un hombre intensifique sus energías al no malgastarlas, y las enfoque en el cumplimiento de su propósito, en la misma proporción ganará en sosiego, silencio, calma y reposo. Es mucho error figurarse que el bullicio equivale a fuerza. No hay mayor chiquillo que el fanfarrón jactancioso, pues no obstante su hombría física, es mentalmente una criatura, y como no tiene fuerzas para nada ni puede presentar obra alguna de sus manos, se vanagloria locuazmente de hacer y acontecer.

Las aguas profundas se deslizan silenciosas, e inaudibles son las fuerzas del universo. Donde hay serenidad hay fuerza, porque la serenidad es la más segura indicación de una mente vigorosa, bien educada y pacientemente disciplinada. El hombre sereno sabe seguramente lo que trae entre manos. Habla poco y enseña mucho. Sus proyectos están bien planeados y trabaja como una máquina perfectamente ajustada. Descubre ante sí buena parte del camino y se dirige en derechura a su objeto. Transmuta los obstáculos en apoyos y convierte al enemigo en amigo, porque sabe cuán útil es pactar con el adversario cuando va por nuestro mismo camino. Como valiente general se anticipa a todas las eventualidades y es en realidad el hombre prevenido. En sus meditaciones y en los consejos de su propio criterio examinó las causas y tuvo en cuenta todas las contingencias. Nada le sorprende ni jamás se precipita; confía en su propia firmeza y está seguro del terreno que pisa. Cuando algún envidioso quiere echarle la zancadilla y se figura haberlo atrapado, resulta que, falto de serenidad, tropezó en mitad del camino y quedó preso en las mismas redes que tendiera para otro. La embestida del impulsivo no puede quebrantar su deliberación, pues la rechaza al primer ataque sin consentirle torcer la bien encauzada corriente de su concentrado poder. Está armado de todas armas. Gracias a la mental ductilidad adquirida por disciplina, desbarata cuantos obstáculos encuentra en su camino. Vituperadlo con palabras coléricas, y la reconvención entreoculta en su benigna réplica penetrará en lo más íntimo de vuestro ánimo para convertir el fuego de la ira en las cenizas del remordimiento. Tratadlo con vulgar familiaridad y su mirada os confundirá de vergüenza restituyéndoos al buen sentido. De la propia suerte que está prevenido contra toda eventualidad, está favorablemente dispuesto hacia todos los hombres, aunque los hombres no se muestren bien dispuestos con él. Ante su presencia se rinde toda flaqueza y domina a todos los demás por la inherente fuerza que la serenidad convirtió en hábito peculiar.

La serenidad, muy distinta de la indolencia y languidez, es la culminación de la concentrada energía. La mentalidad está como enfocada en el hombre sereno. En la agitación emotiva está dispersa, dejando al hombre alborotado, descompuesto, iracundo y sin ninguna influencia, de modo que en vez de atraer, repele. Entonces se admira de que su vecino prospere a paso lento, mientras que él fracasa y de todas partes le echan, no obstante lo mucho que trabaja, pues así llama a su continua agitación y movimiento. El vecino es hombre sereno, no tardío, sino prudente en sus deliberadas acciones, y por ser más varonil y dueño de sí mismo, tiene mayor éxito en su profesión y cumple su labor más acabadamente. Tal es la razón de su prestigio e influencia. Disciplina su energía y la usa, mientras el otro la dispersa y abusa de ella.

Vemos, por tanto, que la energía es la primera columna del templo de la Prosperidad, y como primero y más esencial requisito, no cabe prosperidad sin ella. La falta de energía equivale a inepcia, a ineptitud para el trabajo, y por consiguiente, a falta de virilidad, decoro e independencia. Entre los desocupados habrá algunos incapaces de toda ocupación por su notoria carencia de energía. El que pasa las horas muertas en una esquina, con las manos en los bolsillos y la pipa en la boca, esperando que alguien le convide a tomar una copa, no está muy bien dispuesto a encontrar ocupación ni a aceptarla en caso de que se la ofrezcan. Físicamente flojo y mentalmente inerte, aumenta de día en día su flaqueza y se hace cada vez más inepto para el trabajo, y por lo tanto, más incapaz para la vida. El hombre enérgico puede pasar por períodos de huelga forzosa y sufrir por ello; pero le será imposible convertirse en perpetuo vago, y encontrará trabajo o lo emprenderá por su cuenta, porque la inacción es su pena y el trabajo su deleite, y quien se deleita en el trabajo no puede permanecer mucho tiempo inactivo.

El holgazán no desea ocupación. Está en su elemento al no hacer nada. Su principal traza es eludir el esfuerzo. Su concepto de la dicha es vegetar medio aletargado. Es inepto e inútil. Aun los socialistas radicales que empujan a los desocupados hacia las puertas del rico despedirían a un criado holgazán, descuidado e inútil, añadiendo con ello uno más a la turbamulta de desocupados, porque la holgazanería es uno de los vicios más rastreros que repugna todo hombre discreto y diligente.

Pero la energía es una fuerza compuesta de cualidades constituyentes del carácter vigoroso y productoras de la prosperidad. Estas cualidades están resumidas en las cuatro características siguientes:

Diligencia.   Laboriosidad.
Vigilancia.   Celo

Por lo tanto, la columna de energía es una compacta masa de estos cuatro elementos coherentes, recios, duraderos y capaces de resistir el fiero embate de la adversidad, porque están adecuadas a la vida, capacidad, progreso y poderío.

DILIGENCIA.—La diligencia es muy valiosa virtud, que engendra confianza, pues todos confían en el hombre cuidadoso, activo y puntual, a quien se le puede encomendar cualquier tarea con fundada esperanza de que la cumpla pronto y bien. Los jefes diligentes sirven de tónico a los dependientes laboriosos, de azote a los camanduleros y de saludable disciplina a los incapaces de disciplinarse por sí mismos. Así es que mientras estos jefes se esfuerzan en su propio éxito y beneficio, contribuyen al beneficio y éxito de sus dependientes. El operario negligente, tardío y siempre rezagado es un estorbo, si no para sí mismo, para los demás, y se estiman en muy poco sus servicios. La reflexión y la presteza, doncellas de la diligencia, son valiosos auxiliares para el logro de la prosperidad. En los ordinarios negocios de la vida, el buen humor es la savia vivificante, y la presteza es madre del provecho. Es muy difícil que un moroso empedernido obtenga éxito en su empresa. La vigilancia es el guardián de todas las facultades y potencias de la mente. Es el portero que impide la entrada de impetuosos y destructores elementos. Es el íntimo compañero y protector del éxito, de la liberación y de la sabiduría. Sin la vigilante actitud de la mente, es el hombre un insensato para quien no puede haber prosperidad, porque el insensato permite que viles pensamientos y violentas pasiones entren a saco en su mente y le despojen de serenidad, aplomo y juicio. Nunca está alerta el insensato, sino que abre de par en par las puertas de su mente a los arteros intrusos. Es tan débil y tornadizo, que lo desequilibra el más leve impulso. Da a los demás el ejemplo de lo que no deben y continuamente fracasa, porque el insensato ofende al género humano y no hay sociedad capaz de recibirlo con respeto. Así como la sabiduría es el cenit de la fortaleza, la insensatez es el nadir de la debilidad.

Vigilancia.—De la falta de vigilancia provienen la irreflexión y una general flojedad en los pormenores de la vida ordinaria. La irreflexión es una variante de la insensatez y de ella arrancan el fracaso y la miseria. Nadie que aspire a la dicha y prosperidad de su vida debe descuidar sus actos ni el efecto que pueden producir en los demás y reactivamente en él mismo, porque la dicha y prosperidad individual están invariablemente unidas con las de la sociedad política. Todos estamos obligados, desde los comienzos de nuestra carrera social, a despertar en nosotros el sentimiento de responsabilidad y convencernos de que doquiera nos veamos, en el hogar, en el escritorio, en el púlpito, en la cátedra, en el taller, en el almacén, en la escuela o en el mostrador, solos o acompañados, en el trabajo o en el recreo, nuestra conducta influirá, según sea buena o mala, en el éxito o fracaso de nuestra carrera. Porque la conducta entraña sutilísima influencia que deja en el individuo huellas determinantes de su actitud respecto de los demás. De aquí la mucha importancia de los buenos modales en toda sociedad culta. Quien adolezca de un conturbador y repulsivo defecto mental verá inoculada su ponzoña en cuanto emprenda, aunque no se manifieste ostensiblemente dicho defecto, cuya corrosiva influencia consumirá todos sus esfuerzos y estropeará su prosperidad, como un ácido enérgico corroe y estropea el finísimo acero. En cambio, quien posea armonía y excelencia mental influirá benéficamente en cuantos le rodeen, sin que ellos se den cuenta, quedando atraídos hacia él con buena voluntad, sin saber por qué, y esta excelente virtud será el más recio sostén de sus negocios, le agenciará amigos, le proporcionará ocasiones de prosperar y vencer, y aun enmendará sus yerros y neutralizará en grandísima parte los nocivos efectos de sus flaquezas.

Así recibimos de manos del mundo en proporción

a lo que damos. Por mal, recibimos mal; por bien, recibimos bien. La conducta dudosa determina influencia tibia y éxito incompleto. La conducta irreprensible, perdurable poderío y acabada victoria. Nosotros obramos y el mundo responde. Cuando el insensato fracasa inculpa a los demás y no advierte su error; pero el prudente se corrige y enmienda y de este modo asegura el éxito.

El hombre vigilante y cuidadoso tiene, por serlo, mayor ventaja en la realización de sus propósitos, pues si activamente cela toda oportunidad y coyuntura y se previene contra los nocivos efectos de carácter ¿qué suceso, qué circunstancia, qué enemigo podrá sorprenderlo descuidado? ¿qué le impedirá alcanzar el legítimo fin a que aspira?

LABORIOSIDAD.—La laboriosidad allega alegría y abundancia. Las gentes laboriosas son las más dichosas, y aunque no siempre son ricas, si por riqueza se entiende la superfluidad de dinero, siempre son las más jubilosas y cordiales, las mejor conformadas con su suerte, las más satisfechas con lo que tienen y, por lo tanto, las más ricas si llamamos riqueza a la abundancia de bendiciones. Los hombres activos no tienen tiempo de quejarse egoístamente de sus enfermedades y tribulaciones. Más reluce lo que más se usa, y así las gentes de mayor actividad conservan más lozana la mente y más ufano el espíritu. Las cosas que no se usan se empañan, deslustran o enmohecen rápidamente, y así el holgazán que mata el tiempo se ve acometido de tedio y morbosas quimeras. La frase «matar el tiempo» equivale a una confesión de imbecilidad, pues si consideramos lo breve de la vida en un mundo tan abundante en recursos de conocimiento y utilidad ¿ha de sobrarnos el tiempo? El hombre de mente sana y bondadoso corazón ocupa útil y dichosamente todos los instantes del día, y si algo lamenta es no disponer de tiempo suficiente para todo cuanto quisiera realizar.

La laboriosidad favorece, por otra parte, la salud y el bienestar. El hombre activo se va cada noche a la cama con derecho al descanso y duerme profunda y tranquilamente para despertar por la mañana en fuerte y animosa disposición de emprender de nuevo la deleitosa tarea. Tiene apetito y digiere sin molestias. El trabajo le tonifica y el recreo le sazona. Un hombre así ¿cómo tendrá por compañeros a la melancolía y el abatimiento? Estas morbosas emociones asaltan a quienes trabajan poco y comen mucho; pero los que rinden útiles servicios a la sociedad reciben de ella, en premio, su plena participación de salud, dicha y prosperidad. Ennoblecen su labor cotidiana y mantienen el mundo en movimiento. Son el tesoro de su nación y la sal de la tierra.

CELO.—El celo, según dice un insigne Instructor,

es el camino de la inmortalidad. Los celosos no morirán; los tibios están ya casi muertos. Celo es la entera aplicación de la mente al trabajo emprendido. Vivimos en aquello que hacemos. El hombre celoso se satisface tan sólo con obras de máxima excelencia. Los tibios e indiferentes se contentan con chapucerías, que ponen más de relieve la excelencia de los celosos, a quienes siempre les sobra materia en que emplear útil y provechosamente su celo. Nunca fué ni será jamás profundamente celoso quien no llene con el fruto de sus obras alguna esfera de la actividad social. El celoso obra siempre consciente y escrupulosamente, sin repugnar las penalidades ni apetecer descanso hasta tener acabada su tarea lo mejor posible. En cambio, el mundo está siempre en acecho de recompensar lo mejor, siempre pronto a satisfacer en dinero, fama, amistades, influjo, anhelos, dicha y salud, el justo precio de cuanto sobresalga por su excelencia en los órdenes material, intelectual o espiritual. Ya seas mercader o apóstol, has de dar sin recelo al mundo cuanto mejor tengas. Si eres mercader, prosperarán tus negocios al sellarlos con la indeleble marca de tu celo; si eres apóstol, tu celo espiritual vivificará las palabras de tus preceptos.

Las gentes celosas progresan rápidamente en el cumplimiento de su labor y en la perfección de su carácter. Su vida es verdadera vida, porque el progreso incesante y la siempre creciente excelencia de cuanto hacen, alejan de su lado el estancamiento y la muerte.

Así se fabrica y erige la primera columna del templo de la Prosperidad. Quien bien la construya y firmemente la asiente, tendrá en ella un poderoso y duradero sostén en las contingencias de la vida.

Segunda columna.-Economía

Dícese que la naturaleza no conoce el vacío. Tampoco conoce la disipación. En la divina economía de la naturaleza todo se conserva para emplearlo debidamente. Hasta los excrementos y detritus se transmutan químicamente y se utilizan en la construcción de nuevas formas. La naturaleza no aniquila, sino que metamorfosea y purifica las inmundicias y las aprovecha para útiles y bellos fines.

La economía es en la naturaleza un principio universal, y en el hombre una cualidad moral por la que conserva su energía y mantiene su lugar como operante unidad en el plan de la creación. La economía hacendística es tan sólo un fragmento de este principio o, por mejor decir, el símbolo material de la verdadera economía mental que se transmuta en espiritual. El economista hacendístico cambia el cobre en plata, la plata en oro, el oro en billetes y los billetes en guarismos de una cuenta bancaria. Mediante esta sucesiva transmutación de la moneda en formas cada vez más transmisibles, lucra en la administración de sus negocios. El economista espiritual transmuta las pasiones en razones, las razones en principios, los principios en sabiduría y la sabiduría en acciones, pocas en número, pero de poderoso efecto. Mediante todas estas transmutaciones lucra en carácter y en el gobierno de su conducta. La verdadera economía, así en el orden material como en el mental, es el término equidistante de la prodigalidad y de la tacañería. Tan estéril es el dinero que se malgasta y la energía mental que se desperdicia, como la moneda que avarientamente se detenta y la potencia mental que por egoísmo no se actualiza. Para asegurar la eficacia del dinero o de la mentalidad ha de haber primeramente acumulación y después legítimo empleo. La acumulación de dinero o de energía es sólo un medio; el fin es la aplicación que se les da, en que estriba su eficacia.

La completa y acabada enonomía consiste en hallar el término de equilibrio en estas siete cosas:

Dinero, Alimento, Vestido, Recreo, Tiempo, Descanso y Trabajo.

DINERO.—Es el símbolo del cambio y representa el poder de la adquisición. Quien ansíe labrarse una fortuna, así como no contraer deudas, ha de ajustar, ante todo, la cuantía de sus gastos a la de sus ingresos, de suerte que siempre quede un remanente para ir acumulando un capital o disponer de fondos con que afrontar cualquier contingencia. El dinero locamente malgastado en frívolos placeres o en dañosas voluptuosidades es un poder perdido, pues aunque este poder sea limitado y subalterno, como medio y capacidad de legítimas y nobles adquisiciones, no deja de ser un poder que interviene ampliamente en todos los pormenores de la vida diaria. El pródigo nunca llega a rico, y si al principio lo es, muy luego se empobrece. Tampoco es rico el avaro, a pesar de sus amontonadas riquezas, porque está en necesidad y su oro escondido carece, por inerte, del poder de adquisición. El ahorrativo y el prudente están camino de ser ricos porque gastan con tino y ahorran con cautela y gradualmente van ampliando su esfera en proporción a sus recursos.

El pobre que anhele ser rico ha de empezar por la llaneza, sin ostentaciones de opulencia más allá de sus medios, pues en la llaneza hay sitio y espacio de sobra para comenzar desembarazadamente. Muchos comerciantes noveles creen equivocadamente que la jactanciosa aparatosidad es necesaria al buen éxito del negocio; pero no engañan a nadie sino a sí mismos con sus ostentaciones, que les llevan rápidamente a la ruina. Por el contrario, los modestos comienzos en cualquier esfera serán más segura prenda de éxito que el exagerado encomio de su posición e importancia social.

Sobre todo es preciso evitar siempre con sumo

cuidado los dos vicios extremos de tacañería y prodigalidad.

Alimento.—Representa vida, vitalidad y fuerza a la par física y mental. Como en todas las cosas, también hay un término de equilibrio en la comida y bebida. Quien desee prosperar ha de alimentarse bien, pero no cebarse ni tampoco extenuar su cuerpo por mezquindad o por ascetismo, dos modalidades de la falsa economía. El glotón se estropea por exceso y su embrutecido cuerpo se convierte en depósito de ponzoñas que engendran enfermedades y podredumbre, mientras su mente se embota, entorpece e incapacita para toda operación. La glotonería es uno de los vicios más bajos y bestiales, por lo que deben evitarlo cuantos aspiren a moderar su conducta.

Por el contrario, quien llevado de mezquindad o alucinado por el ascetismo extenúa su cuerpo con ayunos y privaciones, aminora también su energía mental y debilita su organismo hasta el extremo de inutilizarlo como instrumento de acción y establecer una enfermiza condición que sin remedio ha de conducirlo al fracaso.

Los hombres más laboriosos y de mayor éxito en sus obras son siempre sobrios en comida y bebida, y precisamente esta sobriedad les da el grado máximo de aptitud física y mental. La moderación los capacita para tomar vigorosa y alegre parte en las batallas de la vida, con el equipo de una sana y suficiente alimentación, sin la impedimenta de la glotonería.

Vestido.—Tiene por objeto cubrir y proteger el cuerpo, aunque muy frecuentemente se tuerce este económico propósito para convertirlo en medio de vana ostentación. El desaliño y la vanidad son los dos vicios extremos que hemos de evitar en este punto. Del hombre sucio y desastrado todo el mundo se aparta, y al que viste contra la costumbre de su país y época lo motejan de extravagante. El traje ha de estar adecuado a la edad, posición y aire de la persona, y debe ser de buena tela y hechura. No es de ley desechar los trajes a poco de llevarlos, sino que conviene usarlos el tiempo necesario para que rindan utilidad económica. Las personas de modesta posición social no perderán la estima propia ni el respeto ajeno porque lleven el traje remendado, mientras vayan limpios de cuerpo y ropa. Las gentes de suposición y fortuna han de evitar, por su parte, el excesivo lujo en el vestir. Hay señora que tiene cuarenta trajes en su ropero, y ricachón que dispone de veinte bastones, otros tantos sombreros, treinta pares de botas y docenas de corbatas. Los que así malgastan el dinero en montones de superfluos indumentos caminan hacia la pobreza, porque el despilfarro engendra la penuria. El dinero tan atolondradamente derrochado podría tener mejor empleo en el remedio de muchas necesidades que están clamando por el noble ejercicio de la caridad.

La ostentación de trajes y joyas denota vulgar y frívola mentalidad. Las personas cultas y modestas son también modestas y decentes en su porte y dedican prudentemente lo ahorrado en lujos al mejoramiento de su carácter. La educación y el adelanto son para ellos de mayor importancia que las vanas e inútiles galas, y así fomentan la literatura, el arte y la ciencia. Su verdadero lujo y refinamiento están en la mente y la conducta, porque un carácter adornado con prendas de talento no necesita añadir a estos naturales atractivos la ostentación de artificiosas y tal vez repulsivas galanuras. El tiempo gastado inútilmente en el tocador podría emplearse en cosas de provecho, porque la sencillez en el vestir, como en todo, es hermana de la comodidad y de la elegancia y denota exquisito gusto y cultura refinada.

RECREO.—Es una de las necesidades de la vida. Todo hombre ha de tener una labor determinada como capital objeto de su existencia y dedicar a ella el tiempo conveniente, sin suspenderla más que en los ratos de recreo y descanso.

La finalidad del recreo es dar mayor pujanza al cuerpo y a la mente y acrecentar la aptitud para el trabajo. Por lo tanto, hemos de tener siempre en cuenta que es un medio, no un fin, pues suele ocurrir que algunas diversiones, buenas e inocentes en sí mismas, son tan fascinadoras que indican el peligro de anteponer el deleite a la obligación y convertir la vida en un giro incesante de diversiones, juego y placeres que trastornan el curso de la existencia y producen monotonía o fastidio, enojo y dolor. Así como el condimento ayuda a la digestión y aisladamente dañaría, así también el recreo es un refrigerio en los intervalos de trabajo, que conduciría a la miseria si lo tomáramos por finalidad de la vida. Una vez cumplidos sus cotidianos deberes puede el hombre entregarse al recreo con mente abierta y jubiloso corazón. Así serán para él, tanto el trabajo como el recreo, fuentes de dicha y prosperidad.

La verdadera norma económica en este punto consiste en dar al trabajo y al recreo su correspondiente tiempo y lugar, de modo que proporcionen aquellas agradables variaciones tan necesarias para embellecer y aprovechar la existencia.

Toda variación agradable es un recreo, y el operario intelectual ganará en cantidad y calidad de labor si la suspende en tiempo oportuno para descansar y divertir la mente por el ejercicio del cuerpo, mientras que el operario manual mejorará su capacidad física si toma por recreo alguna tarea intelectual que le sirva de medio de educación.

El recreo ha de tener su determinado lugar y

tiempo, como un natural tónico en el plan económico de la vida, pues no hemos de ocuparla toda entera en las diversiones, de la propia suerte que no empleamos todo nuestro tiempo en comer ni en dormir ni en trabajar.

Descanso.—Es la recuperación de las fuerzas consumidas en la cotidiana labor. Todo hombre que bien se precie ha de trabajar durante el día lo bastante para dormir descansadamente por la noche y despertar fortalecido y animoso.

Pero tampoco hemos de dormir demasiado ni robar horas al sueño, pues ambos extremos son igualmente nocivos. Cosa fácil es computar cuánto tiempo nos exige el descanso si nos vamos temprano a la cama y nos levantamos de mañanita, en el momento de despertar, pues así dormiremos tan sólo las horas necesarias y no cederemos al innoble vicio de la pereza, de todo punto incompatible con la prosperidad. El descanso ha de capacitarnos para más intensa labor y no para entorpecernos en la indolencia. Luego de restaurado el vigor del cuerpo, queda cumplido el fin del descanso cuyo perfecto equilibrio con el trabajo contribuye a la salud, dicha y prosperidad del ser humano.

Tiempo.—Es el único elemento de riqueza que todos poseemos en idéntica medida. El día dura lo mismo para todos; y por lo tanto, no hemos de malgastar infructuosamente sus preciosos instantes, pues quien pasa el tiempo en frívolos placeres, muy luego se ve viejo sin haber realizado cosa de provecho. En cambio, quien emplea el tiempo en labores fructíferas medra en honra y sabiduría y la prosperidad mora en él. Puede recuperarse el dinero malgastado y recobrarse la salud quebrantada; pero nadie es capaz de restituir el tiempo perdido.

Dice un antiguo proverbio que el tiempo es dinero; igualmente es salud, fuerza, talento, genio y sabiduría, según lo empleemos; y para emplearlo bien es preciso que aprovechemos los instantes tal como suenan, pues una vez pasados ya no volverán aunque los llamemos.

El hombre activo y metódico divide el día en partes convenientemente distribuídas entre el trabajo, descanso, recreo, alimento y meditación. Sea cual sea la índole de su labor, más cumplidamente la realizará el hombre si se dispone a ella mentalmente. El que se levante temprano para meditar sobre cuanto ha de hacer aquel día y compulsarlo y preverlo, demostrará mayor habilidad y tendrá más éxito en su empresa que quien se quede en la cama hasta el preciso momento de empezar el trabajo. Una hora de meditación antes del almuerzo dará mayor fruto y eficacia a nuestros esfuerzos, porque es un valioso medio de serenar y desentenebrecer la mente y de concentrar las energías. La mejor y más constante labor es la llevada a cabo en las primeras horas de la mañana. En igualdad de condiciones, el que a las seis esté en el trabajo aventajará al que todavía duerma a las ocho. El dormilón se obstruye la carrera de la vida, porque da a sus competidores dos o tres horas diarias de ventaja. ¿Cómo vencer con la pesada gabela que él mismo se impone? Las dos o tres horas diarias de ventaja se acumulan al cabo del año en una labor victoriosa. ¡Cuán distinto ha de ser el rendimiento útil de estos dos hombres al cabo de veinte años! Por otra parte, el dormilón anda siempre presuroso después de levantado, con intento de recuperar el tiempo perdido, y resulta que todavía pierde más, porque el apresuramiento malogra irremediablemente el propósito. El madrugador que economiza el tiempo no tiene necesidad de apresurarse, porque siempre va adelantado de hora y nada le cuesta aplicarse tranquila, cuidadosa y deliberadamente al trabajo que al cabo del día realizará cumplidamente.

Al economizar el tiempo, habrá de prescindir el hombre de muchas emocionales fruslerías cuya eliminación es necesaria para lograr altos empeños. Todos los grandes hombres son maestros en esta rama de la economía, que desempeña parte importantísima en la formación de su grandeza. También se ha de eliminar de pensamientos, palabras y obras toda superfluidad que impida y no favorezca el fin propuesto. Las gentes indiscretas piensan, hablan y obran sin ton ni son, y por ello desafinan a cada punto. La mente del discreto es una red entre cuyas mallas se escurre todo menos lo necesario en las contingencias de la vida.

Habla únicamente lo preciso y es también sobrio en acciones, con lo que consume la menor cantidad de energía posible. La economía de tiempo consiste en levantarse de mañanita y emplear cada minuto con definido propósito y eficaz acción.

La energía se economiza mediante la formación de buenas costumbres. Todos los vicios acarrean imprudente consumo de energía que, bien empleada, permitiría realizar grandes cosas. Si practicáramos la economía en los seis elementos hasta ahora considerados, tendríamos mucho adelantado en la conservación de las energías; pero el hombre prudente ha de llegar aún más lejos y economizar cuidadosamente su vitalidad por la evitación de todas las modalidades del vicio, entendiendo por tal no sólo las concupiscencias e impurezas de la carne, sino también aquellas flaquezas mentales que, como la ansiedad, el tedio, la excitación, el desaliento, la cólera, la quejumbrosidad, la envidia y los celos, extenúan la mente incapacitándola para levantadas empresas. Hay formas comunes de disipación mental que el hombre de carácter ha de evitar y vencer cuidadosamente. El colérico es un hombre cuya fortaleza invierte en debilidad la disipación de su energía mental. Necesita dominarse para manifestar su fuerza.

El hombre sereno es siempre dueño de sí mismo en todas las circunstancias de la vida y obtiene prelación en el éxito de sus empresas y en el respeto de sus conciudadanos. Nadie debe malgastar energías en el mantenimiento de hábitos viciosos y siniestras inclinaciones mentales. Todo vicio, por leve que parezca, se revolverá contra su halagador en las batallas de la vida. Toda nociva complacencia recaerá sobre él en forma de tribulación o deficiencia. Cada vez que ceda a viciosos estímulos dificultará su mejoramiento y retrasará la hora de escalar el alto asiento de su anhelada hazaña. En cambio, quien economiza sus energías y las aplica a la capital labor de su vida, progresa rápidamente y nada le impedirá entrar en la áurea ciudad del éxito.

Vemos, por lo tanto, que la economía consiste en algo más profundo y trascendental que el simple ahorro de dinero, pues interviene en todos los aspectos de nuestra naturaleza y en todas las fases de nuestra vida.

El antiguo adagio que dice: *Cuidad del ochavo y os cuidarán las onzas,* puede compararse con una parábola, porque las bajas pasiones humanas no son malas de por sí cuando se las mira como energías congénitas; lo malo es el abuso de estas energías que, si cuidadosamente se acumulan para darles recta orientación, reaparecen transmutadas en fuerza de carácter.

Malgastar la energía psíquica en vicios consuntivos es como malgastar el céntimo y perder el centén; así como, por el contrario, economizar los céntimos de las pasiones bajas para convertirlos por acumulación en centenes de bondad y virtud es lo mismo que ahorrar onzas de oro ochavo por ochavo. En consecuencia, si cuidáis de las energías interiores cuidarán de vosotros las nobles acciones.

La columna de economía, sólidamente levantada, está compuesta de las siguientes cualidades:

Moderación.	Ingeniosidad.
Eficacia.	Originalidad.

MODERACIÓN.—Es el meollo de la economía. En todo evita los vicios extremos y se asienta en el equidistante medio. Consiste también en abstenerse de lo superfluo, siempre nocivo. Para que el fuego nos reanime es preciso colocarnos a moderada distancia y no poner las manos sobre ascuas. El mal es un fuego que abrasa al hombre, aunque no lo toque, y así conviene apartarse rigurosamente de toda superfluidad dañina. El tabaco, los licores, las mujeres, el juego y otros vicios vulgares han sumido a muchos en la miseria y la ruina; pero no han ayudado a nadie al logro de la salud, dicha y prosperidad. En igualdad de condiciones, el hombre que evite estos vicios aventajará siempre al que los mantenga. Las gentes sanas, dichosas y longevas son siempre de costumbres morigeradas y conducta austera. La moderación conserva las fuerzas vitales; los excesos las destruyen. Así también quienes guardan moderación en sus pensamientos y acallan sus pasiones y suavizan sus emociones, evitando toda excitación morbosa y todo violento impulso, añaden conocimiento y sabiduría a la salud y dicha, para alcanzar el mayor grado de poderío y felicidad. El abusivo se arruina debilitando insensatamente sus energías y embotando sus facultades, de suerte que en vez de lograr acabado y definitivo éxito, tan sólo alcanza intermitente y precaria prosperidad.

EFICACIA.—Resulta de la debida conservación de las fuerzas y potencias del individuo. La eficacia es el empleo de la energía concentrada, cuyos grados superiores de concentración se manifiestan en el talento y el genio. El hombre obra más eficazmente en las cosas de su gusto y afición, porque el pensamiento está casi del todo concentrado en ellas. La eficacia proviene de la economía mental que transmuta el pensamiento en acción. No hay prosperidad sin eficacia, y el grado de aquella dependerá del de ésta. Por seleccion natural, el inepto tendrá su apropiado lugar en las filas de los vagos o de los mal retribuídos; porque ¿quien ocupará al hombre que no quiera o no pueda cumplir su obligación debidamente? A un hombre así, tal vez le tenga alguien empleado por caridad; pero será en un caso excepcional, ya que las oficinas, talleres, fábricas, bancos y demás centros de actividad organizada, no son establecimientos de beneficencia, sino instituciones económicas cuyo florecimiento o decadencia depende de la aptitud y eficacia de sus miembros componentes.

La eficacia se adquiere por medio de la atención y la reflexión. Los indolentes, descuidados e irreflexivos están casi siempre sin empleo, holgazaneando por las esquinas de las calles, incapaces de hacer bien la tarea más sencilla, porque no levantan la mente al pensamiento y la atención. No hace mucho tiempo, un comerciante empleó a un peón en la limpieza de los escaparates; pero como el hombre estaba desde largo tiempo acostumbrado a no trabajar ni pensar, fracasó en su tarea por más que le enseñaron cómo había de limpiarlos. Esto demuestra, por otra parte, que las cosas al parecer más sencillas requieren su grado de habilidad y eficacia, cuyas cualidades determinan el lugar del hombre entre sus semejantes y lo conducen por etapas a cada vez más elevadas posiciones, según va fortaleciendo su poder.

El operario hábil tiene las herramientas por instrumentos de su eficacia. Las del hombre justo son sus pensamientos. La sabiduría es la suprema forma de eficacia. La aptitud es incipiente sabiduría.

Sólo hay *una* manera de hacer bien cada cosa, por sencilla que sea, y mil maneras de hacerla mal. La eficacia consiste en hacer las cosas de la única manera que pueden hacerse bien. El inepto fluctúa chapuceramente entre la multitud de procedimientos erróneos y no adopta el único verdadero, aunque se lo enseñen, porque se jacta de conocer el mejor y no admite lecciones de nadie. La ineptitud suele ir en compañía de la presunción.

El mundo abre dilatado campo de acción a los hombres hábiles y reflexivos, porque bien saben los patronos cuán difícil es encontrar obreros que cumplan acabadamente su obligación. El buen operario manual o intelectual encontrará siempre adecuado empleo a su habilidad.

INGENIOSIDAD.—Es el fruto de la eficacia y un importante elemento de prosperidad, porque el hombre ingenioso nunca se desconcierta, y aunque fracase, arrostra las circunstancias y vuelve a levantarse inmediatamente. La ingeniosidad tiene su causa originaria en la conservación de la energía. Es energía transmutada. Cuando un hombre se desprende de los vicios que estragaban su cuerpo y enflaquecían su mente ¿qué se hace de la energía ahorrada? No se aniquila ni se pierde, porque la energía no puede aniquilarse ni perderse, sino que se transmuta en *energía productiva* y reaparece en forma de pensamientos fructíferos. El virtuoso tiene siempre más éxito que el vicioso, porque rebosa de trazas y recursos. Su mente, alimentada por la acumulación de energía, se mantiene viva y vigorosa, y lo que el vicioso malgasta en estériles concupiscencias, el virtuoso lo aprovecha en fructuosas industrias. Una nueva vida y un nuevo mundo henchido de nobilísimos empeños y puros deleites se le descubren al hombre que se aparta para siempre de los vicios brutales y se coloca en su apropiado lugar con los recursos entresacados de sí mismo. La semilla estéril se consume en el terruño sin que haya lugar para ella en la fecunda economía de la naturaleza. Las mentes estériles se hunden en las batallas de la vida. La sociedad humana no deja sitio en sus filas para la vacuidad engendrada por el vicio. Pero la mente estéril no se hunde para siempre, pues si llama en su auxilio a la voluntad fructificará ópimamente. La índole natural de la existencia y la eterna ley del progreso exigen que el vicio caiga; pero una vez caído se levantará con capacidad para transmutar en virtud el vicio y mantenerse firme y digno con sus propios recursos.

El hombre ingenioso inventa, descubre, inicia y no puede fracasar, porque sigue la corriente del progreso y rebosa de nuevos planes, nuevos métodos y renovadas esperanzas que enriquecen y satisfacen su vida. Es hombre de mente flexible.

El que se aparta de la corriente del progreso y

no se aviene con los renovadores planes e ideas de los hombres de ingenio ha de fracasar forzosamente en el intento de mejorar sus negocios o sus métodos, porque su mente está acartonada e inerte, como cuerpo decrépito. Una mente ingeniosa es semejante a un río cuyo caudal jamás mengua y fertiliza los campos en tiempos de sequía. Los hombres de ingenio tienen siempre nuevas ideas, y así florecen en donde los demás se marchitan y degeneran.

ORIGINALIDAD.—Es el ingenio en perfecta sazón. Donde hay originalidad hay genio y los genios son la luz del mundo. Haga un hombre lo que quiera, ha de contar con sus propios recursos para hacerlo, pues aunque otros le enseñen, no debe imitarlos servilmente, sino poner algo de sí en la obra, para que resulte nueva y original.

Los hombres originales acaban por cautivar la atención del mundo y servir de ejemplo al género humano, aunque al principio se vean menospreciados y desatendidos. Una vez ha obtenido el hombre la patente de originalidad, se coloca al frente de las medianías en su especial ramo de conocimientos; pero no es posible violentar la originalidad, sino tan sólo desarrollarla por la costumbre de ir haciendo cada vez mejor las cosas, mediante el pleno y acertado empleo de nuestras facultades mentales. Si un hombre se dedica con todas sus potencias y sentidos al trabajo de su predilección, de suerte que concentre en él todas sus energías, día llegará en que el mundo le salude como a uno de sus esforzados hijos, como a uno de los genios que guían a la humanidad por nuevas, más altas y más seguras vías.

He aquí revelada la composición de la segunda columna que espera al operario dispuesto a emplear hábilmente sus mentales energías.

Tercera columna. - Integridad

La prosperidad es incompatible con los negocios sucios. Ha de adquirirse no tan sólo con inteligente labor, sino también con moral esfuerzo. Así como la burbuja se desvanece, así tampoco puede prosperar el fraude, que si de pronto allega febriles ganancias, muy luego se desvanecen sus efectos. Las riquezas mal adquiridas no pueden ser duraderas, y aunque al principio parezcan pingües, no tardan en escaparse de la mano con crecidos intereses.

Pero el fraude no se contrae al inescrupuloso estafador, pues cuantos adquieren o tratan de adquirir dinero sin la correspondiente equivalencia son defraudadores conscientes o inconscientes. También lo son quienes astutamente proyectan trazas para adquirir dinero sin trabajar y se alían con rateros y estafadores de cuya perniciosa influencia acaban por ser víctimas. ¿Qué es un ladrón sino un hombre que concreta en acto su deseo de poseer sin dar nada en cambio? Quien aspire a la prosperidad debe dar en todas sus transacciones, así materiales como intelectuales, la equivalencia exacta de lo que reciba. Este es el principio fundamental del comercio honrado, que en el orden espiritual se encierra en el aforismo: *haz a los demás lo que quisieras hicieren contigo*. Y científicamente está afirmado por la fórmula: *la acción es igual e inversa a la reacción*.

En las relaciones humanas ha de haber reciprocidad, no usurpación, y quien mire lo de los demás como su legítima presa, se verá muy luego encallado en el desierto de la ruina, lejos del sendero de la prosperidad; y demasiado rezagado en el orden de evolución para contender satisfactoriamente con hombres honrados, acaba sus días en la cárcel, en el tugurio o en el arroyo.

Sin la integridad, de poco servirán la actividad y la economía cuya eficacia se acrecentará enormemente con aquella virtud. No hay en la vida contingencia alguna en que deje de intervenir poderosamente el factor moral. La genuina integridad se manifiesta doquiera existe y estampa su sello en todas las transacciones, a causa de su admirable consistencia e irresistible fuerza. Porque el hombre íntegro está en armonía, no sólo con los fundamentales principios en que descansa, sino con las invariables leyes del universo. ¿Quien prevalecerá contra semejante hombre? ¿Quién socavará su inmaculada integridad? Es como corpulento árbol cuyas raíces alimentan inextinguibles manantiales y cuyo tronco no puede conmover la tempestad.

Para ser completa y firme debe abarcar la integridad al hombre entero y dilatarse a todos los pormenores de la vida, de suerte que resista victoriosamente la tentación de doblegarse al compromiso. Quien flaquea en un punto flaquea en todos, y el ceder por violencia a un compromiso fraudulento, por insignificante que parezca, arroja el escudo de integridad y queda expuesto a las embestidas del mal.

El dependiente que trabaja con tanto esmero cuando su principal está ausente como cuando está presente, no permanece mucho tiempo en posición subalterna, pues su integridad en el cumplimiento de su deber en todos los pormenores le conducirá rápidamente a las fértiles regiones de la prosperidad. En cambio, el que sin escrúpulo descuida su obligación en ausencia del jefe y le hurta el tiempo y el trabajo por los cuales le paga, no tardará en extraviarse por las áridas regiones de la vagancia y en vano buscará ocupación de que vivir.

Además, el hombre de no muy arraigada integridad se verá alguna vez en el trance de mentir o hurtar para zafarse de serios compromisos, al paso que el hombre integérrimo sabe que la mentira y el fraude no pueden ser necesarios en ningún caso, y así prefiere sufrir a sumirse en la deshonra. Tan sólo manteniéndose firme contra las sutiles insinuaciones de falsía que en momentos de perplejidad e indecisión le acometen podrá confirmarse en este principio moral y descubrir la consoladora verdad de que la honradez no conduce a la pérdida y al sufrimiento, sino a la ganancia y al gozo. En modo alguno puede considerarse la honradez como causa y la pobreza como efecto.

La voluntaria predisposición al sacrificio nos ilumina en todas las esferas de la vida; pero quien egoístamente repugna el sacrificio en pos de interesados propósitos, y miente y engaña por lograrlos, confisca con ello su derecho a la moral iluminación y desciende al nivel de los tramposos y estafadores, de gentes sin carácter y de pésima reputación.

Nadie queda debidamente abroquelado con la integridad hasta que es incapaz de mentir o engañar a otros con gestos, palabras o acciones, y ve clara y distintamente, sin sombra de duda, los mortales efectos de tan torpes vicios.

El hombre así iluminado queda enteramente protegido contra las solapadas maquinaciones de los pícaros, cuyos egoístas y aleves dardos rebotarán en la recia armadura de su inquebrantable integridad. Los comerciantes fulleros dicen que honra y provecho no caben en un saco, sobre todo en estos tiempos de encarnizada porfía; pero ¿cómo pueden saberlo si jamás tuvieron intención de ser honrados? Desde el punto en que estos tales no conocen la honradez, es del todo baldía su afirmación, porque nace de la ignorancia que, con el engaño, ciegan al hombre hasta el punto de tener a todos por tan ignorantes y bellacos como ellos.

En cierta reunión pública dijo un comerciante que nadie podía ser absoluta, sino tan sólo relativamente honrado en los negocios. Al decir esto, creía exponer la general condición del mundo de los negocios; pero no hizo más que *revelar su propia condición*. Con ello se confesaba ante el auditorio como un mal hombre, aunque su ignorancia ética le impedía reconocer la confesión. La honradez relativa es un eufemismo de la bellaquería. Quien se desvía un paso del camino recto se desviará diez, porque desconoce o menosprecia el principio de justicia y sólo piensa en su propio provecho. Quien se representa engañosamente que *su* particular picardía es inocente e inofensiva, y no maliciosa como la del vecino, es víctima de una de tantas modalidades de ilusión dimanantes del desconocimiento de los principios morales.

El nervio de la integridad está en obrar rectamente en todas las relaciones, convenios y tratos de la vida. Es la integridad algo más que la honradez. Es el fundamento de la sociedad y el sostén de las instituciones humanas. Sin ella no podría haber confianza ni buena fe entre los hombres y se paralizaría la actividad del mundo.

Como el ladrón cree que todos son de su condición y el embustero tiene a los demás por mentirosos, del mismo modo el hombre íntegro trata confiadamente a todos los hombres, y su serena mirada y su abierta mano repugnan de tal suerte el fraude, que a nadie cree capaz de engaño.

Así dice Emerson: «Confiad en los hombres y os serán fieles, aunque con ello hagan a vuestro favor una excepción de sus procedimientos comerciales». El hombre probo influye con su sola presencia en la moralidad de cuantos le rodean, haciéndolos mejor de lo que eran. La generalidad de las gentes se dejan influir por los hombres de ascendiente psíquico, y como el bien es mucho más poderoso que el mal, resulta que el varon justo y fuerte avergüence y al mismo tiempo realza con su cotacto al débil y perverso.

El hombre íntegro lleva en sí una indefinible grandeza que a la par amedrenta e inspira, y de su presencia huyen confundidos los degradantes vicios de la ruindad, la vileza y la falsía. La más valiosa prenda intelectual no tiene comparación posible con la sublime grandeza moral de la integridad. El hombre íntegro ocupa en la memoria de los hombres y en el aprecio del mundo más alto lugar que el genio. Así dice Buckminster que la grandeza moral de la independiente integridad es lo más sublime de la naturaleza. Es la cualidad determinante del heroísmo, pues el hombre integérrimo es perpetuamente héroe y sólo necesita favorable ocasión de explayar el elemento heroico. Además disfruta de inalterable dicha, que no siempre es dable disfrutar al genio. Ni enfermedades ni tribulaciones ni aun la misma muerte pueden despojarle de la permanente satisfacción peculiar de la rectitud que derechamente conduce a la prosperidad por las cuatro etapas siguientes:

1. Obtención de la confianza ajena.
2. Los demás esperan en él.
3. La confianza engendra buena fama.
4. La buena fama cunde hasta provocar el éxito.

La bellaquería produce resultados contrarios, pues al quebrantar la confianza ajena engendra recelos que dan mala fama y provocan el fracaso final.

La columna de la Integridad está sostenida por estos cuatro viriles elementos:

| Honradez. | Resolución. |
| Intrepidez. | Entereza. |

HONRADEZ.—Es seguro camino del éxito. Llega día en que el malvado se arrepiente de sus fechorías; pero nadie se arrepintió de haber sido honrado. Aun cuando el hombre honrado tropiece y caiga por falta de energía, economía y método, no será su caída tan grave como la del bellaco, pues siempre le consolará la consideración de no haber perjudicado a nadie. Aun en las horas tenebrosas se recrea en la luminosidad de su conciencia.

Los ignorantes se figuran que la bribonería es el atajo de la prosperidad; pero no echan de ver que el bribón, como el beodo, tan sólo se fija en el inmediato placer y el pasajero provecho de sus viciosas acciones, sin pensar en el degradante resultado final. No advierten que la acumulación de cierto número de viciosas acciones ha de socavar irremediablemente su carácter y arruinar su negocio. Mientras se embolsa las ganancias y piensa cuán astuta y fácilmente ha engañado al prójimo, se está engañando a sí mismo, y cada moneda fraudulentamente ganada habrá de restituirla con crecidos intereses, sin que haya manera de eludir esta restitución. La ley de gravedad en el orden moral es tan segura e inquebrantable como la que en el orden físico rige la caída de los cuerpos.

El comerciante que exige de sus dependientes que mientan al público y le engañen en el peso, calidad o número de mercancías, se rodea de una atmósfera de recelos, odios, animosidades, desconfianzas y menosprecios. ¿Cómo puede florecer el éxito en tan ponzoñoso ambiente? El fracaso sobrevendrá irremisiblemente en tales condiciones.

Podrá fracasar un hombre honrado, pero no por serlo, y su honroso fracaso no manchará su carácter ni su reputación; y como sin duda tendrá por causa su ineptitud en la peculiar modalidad del fracaso, le empujará por nuevos caminos, más adecuados a su verdadera vocación, que le conduzcan al definitivo éxito.

La equidad es digna de general admiración, y aun el inicuo la respeta en los demás. Quien trata equitativamente con todos y dice siempre la verdad y es fiel a sus contratos, aun cuando se le vuelvan en perjuicio, no ha de temer mal ninguno, porque de sus acciones sólo puede resultar bien para sí mismo y para todos con quienes trate.

INTREPIDEZ.—Es compañera de la honradez. El hombre honrado tiene la mirada fija y serena y la palabra clara y convincente. El embustero y el tramposo van cabizbajos, miran de reojo y su palabra es balbuciente, ambigua y recelosa.

Quien cumple con su deber no teme nada. Todas sus relaciones comerciales son sinceras y seguras. Sus procedimientos y acciones resisten la luz del día, y aunque atraviese circunstancias críticas y contraiga deudas, todos confiarán en él y esperarán el pago, pues las pagará indefectiblemente.

Los tramposos eluden o demoran sin motivo justificado el pago de sus deudas y viven por ello en continua zozobra; pero el hombre honrado procura no contraer deudas y si por necesidad las contrae redobla sus esfuerzos para pagarlas.

El tramposo siempre teme, no la deuda en sí, sino el tener que pagarla. Teme a las gentes, a las autoridades, al resultado de sus acciones, en incesante recelo de que se le descubran sus trapacerías y haya de sufrir las consecuencias. El hombre honrado se desembaraza de toda impedimenta de temor. Con abierto corazón y alta la frente anda por doquiera sin arrogancias ni bajezas, sin engreimientos ni lisonjas, sin engañar ni perjudicar a nadie, pero sin temer tampoco a nadie, de suerte que todo cuanto se dijere contra él resultaría en su favor y ventaja.

Esta intrepidez es por sí en la vida del hombre una fortaleza que le resguarda en toda eventualidad, le capacita para arrostrar virilmente las dificultades y, por último, le asegura el éxito que por derecho propio le pertenece.

Resolución.—Es resultado directo de la fortaleza de carácter nutrida por la integridad. El hombre íntegro tiene aspiraciones definidas y firmes, y deliberados propósitos que denotan la fibra moral constitutiva de su carácter. La obra de un hombre refleja siempre algo de su índole, y el hombre íntegro no podrá por menos de tener bien orientados planes. Todo lo pesa, cuenta, mide y examina, a fin de no caer en errores ni enredarse en dificultades de que le costaría mucho escapar.

Considera siempre las cosas desde el punto de vista moral y prevé las consecuencias, con lo que permanece en terreno más firme y elevado que los hombres oportunistas y utilitarios; y al abarcar con mayor amplitud una situación cualquiera de la vida, domina por igual los principios y los pormenores. La moralidad aventaja siempre a la conveniencia. Sus propósitos penetran muy en lo hondo y son, por lo tanto, más firmes, seguros, vigorosos y duraderos.

Hay una congénita orientación hacia la integridad, que capacita al hombre para ir en derechura a la meta, desbaratando cuantos obstáculos se opongan al éxito final.

Los hombres resueltos tienen propósitos definidos que les conducen a la realización de altas empresas. El varón íntegro es *fuerte entre los hombres* y su fortaleza se manifiesta en todos los actos de su vida, que infunden admiración y respeto.

ENTEREZA.—Quien jamás quebranta el principio de integridad adquiere con ello la necesaria entereza para resistir triunfalmente las insidias, calumnias y falsedades que le asalten. Quien flaquea en un punto es vulnerable en él, y allí se le clavará la saeta del mal, como flecha en el talón de Aquiles. La pura y perfecta integridad es inexpugnable a todo ataque e injuria, y capacita al hombre para resistir toda enemiga persecución con sublime ecuanimidad e indomable valor. Ni el talento ni las riquezas pueden dar al hombre la potencia mental y tranquilidad de ánimo dimanantes de la consciente obediencia a la ley moral, porque la fuerza moral prevalece contra todas las fuerzas y potestades del mundo. Si el anheloso de prosperidad descubre esta fuerza, y la ejercita y vigoriza en sus pensamientos y acciones, se colocará triunfalmente entre los más esclarecidos caudillos de la humanidad.

Tal es la fortísima y diamantina columna de la Integridad. Bendito y dichoso entre todos los hombres quien la erija en el templo de su vida.

Cuarta columna. - Método

Método es aquel principio de orden que imposibilita toda confusión. En el orden universal de la naturaleza cada cosa está en su lugar, y así el vasto universo se mueve mucho más perfectamente que la más perfecta máquina. El desorden en el espacio significa la disolución del universo, y el desorden en los negocios humanos malogra el trabajo y entorpece la prosperidad.

Todas las organizaciones complejas están construídas ordenadamente. Ningún negocio ni sociedad puede abarcar dilatados límites si no se basa en el principio de orden, que es el preeminente instrumento del mercader, del negociante y del organizador de instituciones.

Hay casos en que tal vez logre éxitos un hombre desordenado (aunque si guardara orden, mayor sería su resultado); pero no triunfará en los negocios, a menos que los ponga en manos de un gerente cuya habilidad remedie aquel defecto.

Todo vasto establecimiento comercial ha ido desenvolviéndose con arreglo a un plan ordenado del que no puede apartarse sin desastrosas consecuencias. Las organizaciones complejas están formadas con tan escrupulosa atención en los pormenores como los organismos complejos de la naturaleza.

El hombre desordenado se figura que puede descuidarlo todo menos lo principal; pero por desconocimiento de los medios frustra el fin. Los organismos perecen por la confusión de los pormenores.

Las gentes desordenadas desperdician enorme cantidad de tiempo y energía que, conservados por el método, bastarían para realizar útiles empresas, porque nunca destinan un sitio para cada cosa, y cuando la necesitan han de buscarla por todos lados, con la consiguiente irritación y molestia por no encontrarla.

En cambio, las gentes ordenadas ahorran mucho tiempo y energía, y como nunca pierden nada, tampoco han de perder tiempo en buscar nada, porque tienen cada cosa en su sitio y aun a obscuras pueden encontrarla sin más trabajo que ponerle la mano encima. De esta suerte lo hacen todo serena y deliberadamente y emplean sus mentales energías en algo más provechoso que encolerizarse achacando a los demás su propia falta de orden.

El hombre ordenado y metódico es capaz de llevar a cabo tal suma de labor en tan poco tiempo y con tan poco trabajo, que parece cosa de milagro, y escala las cumbres del éxito mientras su desordenado rival se revuelve desesperadamente en la ciénaga de la confusión. La estricta observancia de las leyes del método le consienten lograr su propósito sin rozamientos ni pérdida de tiempo.

En todas las modalidades de la actividad humana las exigencias del método son tan rígidas e implacables como los votos de un monje, y no es posible violarlas en lo más mínimo sin comprometer gravemente los intereses del infractor. En el mundo de los negocios es indispensable el método, y quien rigurosamente guarda su ley ahorra tiempo, salud y dinero.

Toda obra duradera descansa sobre la base del método, y donde este falta no hay progreso posible. De la ordenada y metódica combinación de las letras del alfabeto, obedientes a la disciplina mental de genios y talentos, surgió la pasmosa obra de la literatura universal con sus poetas, historiadores, novelistas, oradores, apóstoles, estadistas y legisladores. De la metódica y ordenada combinación de los guarismos derivan los admirables algoritmos de la ciencia matemática, y la observancia de unas cuantas leyes fundamentales de la mecánica puso en movimiento esa admirable diversidad de máquinas cuyos órganos concurren calladamente al rendimiento del efecto útil para que fueron trazadas.

Así vemos cómo el método simplifica lo complejo, facilita lo difícil y subordina multitud de pormenores a la capital ley de odenación que, sin confundirlos, los enlaza con perfecta seguridad.

El científico obediente al método nombra y clasifica las miriadas de seres de la naturaleza, desde el microscópico infusorio hasta la telescópica estrella, de suerte que en pocos minutos designa exactamente cualquiera de los seres u objetos catalogados en el universal inventario de sus observaciones.

Incalculable tiempo y trabajo ahorra a los hombres la sistemática clasificación de los objetos de estudio en todos los ramos del conocimiento y de la acción. Oímos hablar de sistemas religiosos, políticos, económicos, pedagógicos, etc., y esto indica que todas las cosas de la sociedad humana se relacionan y entrelazan por la mordiente propiedad del orden.

El método es, por lo tanto, uno de los principios capitales del progreso y de la evolución humana, pues solidariza en armónico conjunto los millones de seres que en aparente contraposición de aspiraciones, propósitos e intereses se esfuerzan aisladamente en lograr su respectivo ideal.

Aquí echamos de ver la trascendental importancia del método, porque la infinidad de individuos cuya indisciplinada mente los mueve a la disgregación, se mantienen en su lugar por la ordenada influencia de los pocos que advierten la urgente e ineludible necesidad de establecer leyes fijas e inmutables en ciencia, política, religión y comercio, en todas las esferas del pensamiento y de la accción, porque en cuanto se relacionan dos seres humanos necesitan un común fundamento que regule sus actos.

La vida es demasiado breve para que la dificultemos con la confusión.

El conocimiento, la cultura y el progreso han de ser forzosamente metódicos para que no se estanquen ni retrocedan, sino que cada generación reciba de la precedente el balance e inventario de la herencia con que proseguir en el difícil empeño de su evolución.

Toda vasta empresa es un sistema complejo de organización que la asemeja a una máquina de perfecta lubricación y ajuste. Cierto industrial, esclavo del método y enamorado del orden, tenía montada su fábrica con tan atinada exactitud, que a veces estaba unos cuantos meses de viaje, y al volver encontraba en su debido lugar y función todos los elementos de trabajo, desde el director hasta la última pieza de máquina.

La regularidad, la disciplina y el método contribuyen eficazmente al éxito de toda empresa, porque evitan los roces y sirven de lubricantes de la acción. Las gentes enemigas de la disciplina, de mente ingobernable y anárquica, que no ponen cuidado en sus pensamientos ni en sus costumbres ni en sus negocios, entorpecen los caminos del éxito y llenan su vida de tristezas, tribulaciones, dificultades y molestias que desaparecerían con sólo regular algún tanto su conducta.

Una mente desordenada equivale a una mente débil, tan incapaz de porfiar con las vigorosas en la carrera de la vida, como lo fuera un deportista no entrenado para competir con otro debidamente dispuesto. El que al empezar el trabajo no sabe donde dejó sus herramientas o sus documentos o sus libros, o no encuentra la llave del escritorio ni la llave de sus pensamientos, se debatirá en las redes por él entretegidas, mientras su metódico y ordenado vecino escalará libre y desembarazadamente las enhiestas cumbres del éxito. El comerciante de procedimientos desaliñados, engorrosos o rutinarios ha de culparse a sí mismo de que le vayan mal los negocios, y su fracaso le representará la necesidad de adoptar métodos y procedimientos más racionales y eficaces que, con ahorro de trabajo y tiempo, le ayuden a mejor diligenciar sus asuntos.

El método es la ordenación fundamental de organismos, caracteres, naciones, regímenes, negocios e imperios, que nacen, crecen, se desarrollan y culminan por la yuxtaposición de células, cualidades, leyes, principios e instituciones. El que continuamente perfecciona sus métodos adquiere mayor poder constructivo; y por lo tanto, le importa al comerciante ingeniarse en el perfeccionamiento de sus métodos, porque todo fundador, así sea de catedrales o de caracteres, de empresas o de religiones, es fortaleza del mundo y guardián y zapador de la humanidad. El hombre metódico construye y conserva, mientras que el desordenado destruye y derrumba. No hay límites para el desenvolvimiento de los poderes del hombre ni para la mejora de su carácter y la amplitud de sus negocios, con tal que proceda ordenadamente en todas las cosas y las clasifique y coloque de modo que a cada momento pueda conocer aún los más íntimos pormenores relacionados con su profesión.

En el método se contienen estos cuatro elementos:

Perspicacia.   Utilidad.
Exactitud.   Precisión.

PERSPICACIA O VIVEZA.—Es aquel espíritu de diligencia que inmediatamente se hace cargo de una situación y del modo de dominarla. La observancia del método estimula y nutre este espíritu. Así como el buen general se adelanta preventivamente a los movimientos del enemigo, así el comerciante perspicaz afronta desde luego toda innovación relacionada con su negocio, y así también el pensador ha de considerar los pormenores de todo nuevo problema planteado. La lentitud es un vicio fatal para la prosperidad, porque conduce a la inepcia y a la estupidez. Los hombres de manos diestras, corazón animoso y mente ágil, que saben qué hacer y lo hacen hábil, metódica y expeditamente, no han de pensar en la prosperidad como fin de su vida, pues a su encuentro irá aunque no la busquen, atraída por la excelencia de su conducta.

EXACTITUD.—Es de suprema importancia en toda empresa y ha de estar invariablemente acompañada del método, cuya mayor o menor imperfección engendrará proporcionales errores, hasta que el interesado lo perfeccione.

La inexactitud es uno de los más frecuentes defectos, porque su contraria la exactitud ha de estar íntimamente relacionada con la disciplina interna que de grado se somete a la externa y denota un nivel de cultura moral que aun no poseen la mayoría de las gentes.

Si el hombre inseguro no se rinde voluntariamente a la disciplina de sus superiores, sino que se jacta de mejor saber las cosas, fracasará sin remedio y se eternizará en posiciones subalternas en el mundo de los negocios, o no saldrá de errores y prejuicios en el mundo del pensamiento.

La inexactitud es un vicio tan generalizado, que puede echarse de ver cuando la mayoría de gentes relatan las circunstancias de un hecho cualquiera, casi siempre desfigurado por inexactitudes más o menos graves. Dejando aparte a los mentirosos por idiosincrasia, pocos son los que refieren las cosas tal como ocurrieron o rectifican las exageraciones o eliminaciones en que caiga el narrador. De esta vulgar forma de inexactitud se derivan muchos errores y tergiversaciones.

La mayor parte de las gentes ponen más cuidado en lo que hacen que en lo que dicen; pero también en la obra es la inexactitud muy frecuente en quienes por ello se incapacitan para toda perseverante labor de compromiso. El que emplea buena parte de tiempo en corregir sus errores, o necesita que otro le repase el trabajo para corregírselos, no desempeñará cargos responsables ni mucho menos logrará la anhelada prosperidad.

De hombres es errar y todavía no se ha dado el caso de uno que no yerre; pero el discreto y entendido reconoce sus errores, se apresura a enmendarlos y agradece que se los representen. No sólo aprende por experiencia de sus yerros, sino también por los ajenos, y está siempre pronto a recibir las lecciones de la experiencia y a dar cada vez mayor exactitud y seguridad a sus métodos, lo que significa mayor perfección.

UTILIDAD.—Es el resultado de trabajar con método, porque toda obra metódicamente proseguida llega a fructífero y provechoso fin. Si el hortelano quiere cosechar sabrosos frutos, ha de sembrar en tiempo oportuno; y si una obra ha de producir provechosos resultados, es preciso emprenderla en sazón y no dejar que pase la oportunidad de realizarla.

La utilidad atiende al fin práctico y emplea los medios más a propósito para alcanzarlo, evitando subterfugios, elucubraciones y teorías, para ocuparse tan sólo en las cosas de provecho material o moral en la economía de la vida. Los teorizantes recargan la mente de irrealizables quimeras que no pueden por menos de llevarles al fracaso, mientras que los hombres cuyo valer se muestra en acciones y no en vana palabrería, esquivan toda sutileza metafísica y se aplican al cumplimiento de útiles labores.

No hemos de acariciar jamás pensamientos imposibles de convertir en obra.

Dicen algunos que si una teoría es hermosa no debemos desecharla, aunque sea de imposible realización; pero quien se recrea en quimeras sin fundamento sólido, no ha de maravillarse si fracasa en sus empresas.

En cambio, cuando las facultades mentales convierten las teorías especulativas en hechos prácticos, ya en el orden material ya en el moral, se acrecientan la habilidad, el poder, el conocimiento y la prosperidad, que no será tal si no guarda proporción con los servicios que preste a la sociedad.

El carpintero construye una mesa; el albañil una

casa; el mecánico una máquina; el sabio un carácter.

Los operarios, los constructores, los maestros, los apóstoles, y no los sofistas, demagogos, retóricos y teorizantes son la sal del mundo.

Quien dé de mano a los espejismos de la especulación intelectual y emprenda alguna labor con todos sus sentidos, en ella adquirirá especial conocimiento y sobresaldrá entre sus conciudadanos.

PRECISIÓN.—Es la facultad mental que abarca íntegramente todos los pormenores derivados de un principio básico. Es una imperiosa cualidad que infunde dotes de organización y se vigoriza por el atento cuidado de los pormenores.

El comerciante gananciosos abarca en su mente todos los aspectos, fases y modalidades de su negocio, y lo dirige con arreglo a un plan adecuado a la índole de su comercio. El inventor tiene en su mente todos los pormenores de su máquina relacionados con los órganos principales, y así va perfeccionando su invento. El autor de un poema o de una novela subordina todos sus personajes, episodios e incidentes al nudo capital del argumento, y de esta suerte compone una perdurable obra literaria. La precisión es la coincidencia de las facultades analítica y sintética en un mismo individuo. Una mente capaz y bien disciplinada, que mantenga en sus silentes abismos infinidad de pormenores ordenados en línea de actuación, está muy cercana al genio, si ya no alcanzó su cumbre. Todos no podemos ni necesitamos ser genios; pero sí podemos vigorizar gradualmente nuestra potencia mental, metodizando pensamientos y acciones de suerte que rindan la mayor utilidad posible y sean por ello poderosos elementos de prosperidad.

Hasta aquí hemos descrito las cuatro columnas angulares del templo de la prosperidad, que bastarían de por sí para sostenerlo, sin añadidura de las otras cuatro. El hombre que perfeccione en su conducta las cuatro primordiales cualidades de energía, economía, integridad y método, logrará perdurable éxito en la obra de su vida. Es imposible que fracase el hombre enérgico que economiza cuidadosamente tiempo y dinero, vigoriza su vitalidad, cumple íntegramente su deber y ordena sus pensamientos para que le resulten ordenadas sus acciones.

Los esfuerzos de un hombre así han de tener intensa y recta aplicación, a fin de que sean eficaces y fructíferos, y por añadidura le infundan la varonil e independiente dignidad que inspire respeto, provoque el éxito e influya beneficiosamente con su sola presencia entre los débiles. Dice la *Escritura:* «El hombre inteligente en sus negocios alternará con los reyes y no podrá convivir con los ruines». Esto significa que se mantendrá siempre puro, vigoroso, firme y gallardo en la nobleza e integridad de su carácter, sin descender jamás a las bajezas de la envidia, el odio, la animosidad y la venganza. Su éxito será cierto y su prosperidad perdurable. Vencerá en las batallas de la vida.

Quinta columna.-Simpatía

Quedan ahora por describir las cuatro columnas centrales del templo de la prosperidad que le dan mayor firmeza y acrecientan su hermosura porque son de superior orden moral y peculiares de los caracteres nobles y escogidos. No hemos de confundir la simpatía con aquel tumultuoso y superficial sentimiento que, como vistosa flor cortada, muy luego perece sin dejar tras sí fruto ni simiente. No es simpatía prorrumpir en histérico llanto al despedirse de un amigo, ni tampoco consiste en estallidos de violenta indignación contra las crueldades e injusticias de los malvados. Porque si alguien martiriza a su mujer y azota a sus hijos y maltrata a sus criados y zahiere a sus vecinos ¿cómo podrá justificar su compasión por los extraños?, ¿cómo convencer a nadie de su indignación contra las injusticias sociales?

Dice Emerson sobre el caso:

«Ama a tu familia, sé afable y modesto con todos y no disimules jamás tu egoísmo con la morbosa piedad por gentes lejanas de los tuyos, pues tu amor a los extraños se concretaría en odio a los propios».

La valía de un hombre se prueba en sus inmediatas acciones y no en sus vagorosos sentimientos, y si estas acciones están nutridas por el egoísmo y el rencor, de suerte que los de la casa escuchen temerosos sus pasos cuando llega, y se alegren de su marcha ¡cuán vanas serán sus expresiones de simpatía y cuán fútiles sus alharacas de miembro de asociaciones de beneficencia! Aunque el pozo de la simpatía pueda alimentar el manantial de las lágrimas, casi siempre mana el llanto del cenagoso estanque del egoísmo.

Es la simpatía una profunda, callada e inefable ternura, que se manifiesta en abnegadas y nobles acciones. Las gentes simpáticas no son impetuosas ni convulsivas, sino constantemente afables, firmes, serenas, modestas y dueñas de sí mismas. Su tranquila actitud en presencia de la desgracia ajena podrían tomarla por indiferencia los de cortos alcances; pero el discreto y reflexivo echa de ver que mientras los demás pierden el tiempo en inútiles lamentos, ellos acuden solícitamente, con profunda simpatía, en auxilio del infortunado.

La falta de simpatía tiene su morbosa expresión en el sarcasmo, el ridículo, la mofa, la befa, la burla, el denuesto y el vituperio, así como en la falaz y jactanciosa simpatía que no cristaliza en la práctica.

La falta de simpatía dimana del egoísmo; la simpatía es una forma del amor. El egoísmo denota ignorancia; el amor está unido al conocimiento. El egoísmo es común en los hombres que presumen estar por encima de los demás, con distintas aspiraciones e intereses y creen que son los únicos en obrar bien. La simpatía coloca al hombre muy por encima del egoísta centro de separatividad, y lo capacita para vivir en el corazón de sus semejantes y pensar y sentir con ellos. Se coloca en su lugar temporáneamete; es como ellos son. Así dice el poeta Whitman al describir los hospitales de sangre:

«No le pregunto al herido qué le hace daño, porque yo mismo me transmuto en el herido».

En verdad parece impertinencia interrogar a quien sufre. El sufrimiento demanda auxilio y ternura, no curiosidad, y el hombre simpático siente el sufrimiento y provee a su mitigación.

Tampoco es la simpatía compatible con la jactancia, pues se desvanece cuando interviene la alabanza propia. Si alguien relata sus generosas acciones y se lamenta del mal pago que recibió en cambio, prueba da con ello de no haber alcanzado aún la abnegada modestia en que consiste el aroma de la simpatía. En su verdadero y profundo significado es la simpatía la identificación con los esfuerzos y sufrimientos del prójimo, por lo que el hombre simpático está compuesto de tantas personalidades como las con que simpatiza, y ve las cosas bajo todos sus aspectos y no tan sólo bajo el exclusivo aspecto de su peculiar punto de vista. Mira con los ojos, oye con los oídos, piensa con la mente, siente con los corazones ajenos, y así es capaz de comprender a hombres muy diferentes de él, de cuyas vidas se le revela el significado y con ellos se une en espíritu de benevolencia.

Escuchemos a Balzac:

«El pobre me conmueve. Su hambre es mi hambre; me atormenta su penuria; siento en mis hombros sus andrajos; habito en su tugurio y por algún tiempo me identifico con él».

No en balde dijo Cristo:

«Cuanto quiera que hiciereis por uno de esos pequeñuelos, por Mí lo hicisteis».

Y así ha de ser. La simpatía nos coloca en el corazón de todos los hombres, de suerte que nos unimos espiritualmente con ellos y sufrimos si sufren y nos alegramos si gozan, y cuando los vemos menospreciados y perseguidos descendemos con ellos a las mazmorras y tomamos en nuestro corazón sus angustias y humillaciones. Quién posee este confraternal y armónico espíritu de simpatía nunca puede juzgar ni condenar a sus prójimos, porque su tierno corazón siente como propio el dolor ajeno.

Mas para lograr esta sublime simpatía es necesario haber amado y sufrido mucho, hasta sondear los abismos de la tristeza humana. Brota la simpatía de las mismas entrañas de la experiencia y desengaños que engendraron el orgullo, la irreflexión y el egoísmo. Nadie puede sentir verdadera simpatía si no ha sido en mayor o menor grado «el hombre de las aflicciones» familiarizado con la pena; pero preciso es que aflicción y pena se hayan desvanecido para ceder sitio en el corazón a la serena y constante bondad.

Quien ha sufrido mucho y con el mucho sufrir agotó el sufrimiento, sin quedar en él más que el fruto de sabiduría, está en cumplidas condiciones de comprender el sufrimiento ajeno y participar de él por pura simpatía; y quien se ha perfeccionado por el sufrimiento en diversas vías, se convierte en foco de salud y alivio para cuantos están aflijidos por las mismas tristezas de que él triunfó. Así como la madre siente los dolores del hijo, así el hombre compasivo siente las angustias de sus prójimos.

Tal es la suprema y divina simpatía; pero aun en menor grado es un gran poder para el bien en la vida humana, y de ella anda necesitado el mundo diariamente, porque si por una parte consuela ver en todos los aspectos de la vida gentes de veras compasivas, por otra parte apena considerar que son muy frecuentes las asperezas, el odio y la crueldad, cuyo desabrido fruto es el sufrimiento y en consecuencia el fracaso.

El hombre altanero y rencoroso, de corazón duro

y mente calculadora y fría, en cuyo interior no brotó aún el manantial de simpatía, estará muy expuesto a fracasar en sus empresas. Su insensato odio en un caso, o su implacable crueldad en otro, le irán enajenando poco a poco compañeros y amigos, hasta quedarse sin elementos de prosperidad y éxito en su respectiva profesión. Aun en el cotidiano trato y comercio, es la simpatía factor muy importante, porque, por razón natural, se ven atraídas las gentes hacia quienes se muestran amables y los prefieren comercialmente a los adustos y groseros. En todos los aspectos de la vida donde el trato personal tenga mucha influencia, el hombre simpático, aunque de mediana capacidad, aventajará al de mucho talento, pero que inspire escasas simpatías.

Si un gobernante promulga una ley inicua o un magistrado dicta una sentencia cruel, quedará gravemente quebrantado su influjo, pues aun aquéllos que admiraban sus personales cualidades, no podrán por menos de aminorar su estimación. Si un comerciante alardea de religiosidad, las gentes querrán advertir en sus convenios comerciales la benéfica influencia de la religión; pero si los domingos se muestra devoto adorador de Cristo y el resto de la semana echa incienso a Belial, no espere obtener la confianza de las gentes ni acumular elementos de prosperidad.

La simpatía, que etimológicamente equivale a

compasión, es un lenguaje universal del espíritu que aun los mismos animales comprenden y estiman por instinto, pues todo ser viviente padece, y esta comunidad de penosas experiencias conduce a la unidad de sentimiento llamada simpatía.

El egoísmo mueve a los hombres a protegerse a costa ajena. La simpatía les mueve a proteger al prójimo a costa propia. Pero este sacrificio no entraña pérdida, porque los placeres del egoísmo son pocos y bastos, mientras que los placeres de la simpatía son variados y abundantísimos.

Alguien preguntará: ¿Mas, cómo puede practicar la abnegación un comerciante cuya finalidad es fomentar sus negocios? A esto cabe responder que *todo hombre puede sacrificarse doquiera esté y en la medida que comprenda el sacrificio.* Quien alegue que no puede practicar una virtud porque se lo impiden las circunstancias, nunca llegará a practicarla, pues aunque las circunstancias variaran subsistiría el pretexto.

La actividad en los negocios no es incompatible con el sacrificio personal, porque la devoción al deber, aunque el deber sea comercial, no es egoísmo, si bien puede ser devoción egoísta. Hubo comerciante a quien un competidor intentó echarle a la quiebra, y cuando este competidor se vió arruinado, le puso aquél de nuevo a flote en el negocio. Verdaderamente fué nobilísima y abnegada acción que tuvo su premio en la prosperidad alcanzada por el bienhechor.

Uno de los más afortunados comerciantes de que hay ejemplo, era en extremo amable y cariñoso, y tan inocente de las tretas comerciales como un recién nacido; pero su animoso corazón y su varonil entereza le granjearon, doquiera estuvo, multitud de amigos que acudían a su tienda atraídos, no tan sólo por el bondadoso carácter del dueño, sino igualmente por la equidad de sus ajustes comerciales. Debió el éxito a su pura e ingenua simpatía, libre tan por completo de trastienda, que ni él mismo pudo atribuir a ella su prosperidad. La simpatía no entorpecerá jamás el éxito, pero el egoísmo lo eclipsa y desvanece. La prosperidad está en razón directa de la benevolencia. Los intereses son mutuos y triunfan o decaen solidariamente; y a medida que la simpatía explaya su corazón, extiende el círculo de su influencia con abundantes bienes materiales y espirituales.

La hermosa virtud de la simpatía entraña cuatro cualidades:

Benevolencia. Nobleza.
Generosidad. Intuición.

BENEVOLENCIA.—Plenamente desarrollada es cualidad perdurable y no pasajero impulso, aunque a menudo lo parezca. No hay benevolencia en la alabanza si la sigue el vituperio. El amor que estalla en espontáneo beso nada vale si va acompañado por otra parte de espontáneo odio. La dádiva, que tan graciosa nos parece, pierde su mérito cuando apetece recompensa. Debilidad de carácter es favorecer a otro por el placentero estímulo que el favor nos proporciona y retirar después el favor enojados por algún contratiempo con que nos molestó el favorecido. Esto también es egoísmo, porque el bien por el gusto que en ello recibimos es pensar tan sólo en uno mismo. La verdadera benevolencia es inmutable y no necesita estímulo exterior que la ponga en acción. Es un manantial jamás exhausto en el que siempre pueden beber las almas sedientas. La benevolencia, en el grado heroico de virtud, no sólo otorga lo que nos causa placer, sino también lo que contraría nuestros gustos e inclinaciones. Es una constante y viva llama de fervorosa devoción.

Hay acciones de que el hombre se arrepiente: son las malas obras. Hay otras acciones que no provocan el arrepentimiento: son las buenas obras. Llega día en que los hombres se afligen por las maldades que dijeron e hicieron; pero siempre les regocija el recuerdo de sus buenos pensamientos, palabras y obras. La malignidad desluce el carácter del hombre; se retrata en el rostro con los años y malogra el éxito que hubiera logrado de otra suerte.

La benevolencia embellece el carácter, hermosea el rostro a pesar de los años y capacita al hombre para alcanzar el pleno éxito a que le llama su vigor mental. La prosperidad se acrecienta y sazona por la benévola disposición de ánimo.

GENEROSIDAD.—Acompaña al corazón benévolo. La benevolencia es tierna y gentil; la generosidad fuerte y animosa. Un carácter liberal, magnánimo y franco es siempre atractivo e influyente. La mezquindad y la tacañería repugnan sin remedio por tenebrosas, depresivas, ruines y frías. La benevolencia y generosidad atraen instintivamente por luminosas, sinceras, cálidas y festivas. Lo repulsivo determina soledad y fracaso. Lo atractivo engendra unión y éxito.

El dar es un deber tan importante como el adquirir; y quien adquiere cuanto puede y repugna dar, quedará, por fin, incapacitado para adquirir, porque es ley espiritual que nadie puede adquirir sin dar, así como no cabe dar sin adquirir.

Todos los instructores religiosos representaron el importantísimo deber de la dádiva como uno de los más expeditos medios de perfeccionamiento individual, pues nos conduce al pináculo del altruismo y nos impide caer en la sima del egoísmo. La dádiva desinteresada denota que reconocemos nuestro espirtiual y social parentesco con todos los hombres y que deseamos destinar parte de lo nuestro en beneficio del necesitado. El codicioso que cuanto más adquiere más ambiciona y se resiste a levantar mano de sus acumulados tesoros, como fiera que retiene la presa entre sus garras, se aleja de las nobles y generosas cualidades que le pondrían en liberal comunión con los inegoístas corazones.

Los hombres públicos de Inglaterra y de los Estados Unidos se distinguen por su magnánima generosidad.

Alcaldes, concejales, gobernadores, magistrados, ministros, cuantos desempeñan cargos públicos de importancia y responsabilidad, son generalmente hombres que por haber labrado una fortuna en sus negocios particulares se les considera capaces de administrar íntegramente los negocios públicos, y numerosas instituciones de noble carácter social son testimonio perpetuo de su munificencia. A pesar de las calumniosas imputaciones de los fracasados, cuya envidia se ceba en estos hombres, culpándolos de haberse enriquecido por medios reprobables, no hay indicio alguno que dé visos de certeza a tan baja imputación. Sin ser perfectos, hay hombres viriles, enteros, generosos, que allegaron fortuna con su ingenio, talento, capacidad y honradez.

Guárdese el hombre de la codicia, la mezquindad, la envidia y la suspicacia, porque si les da albergue en su corazón le robarán cuanto de mejor tiene la vida, aun en su aspecto material, y lo que es peor, envilecerán su carácter y le amargarán la dicha.

Por el contrario, conviene al verdadero interés

del hombre ser liberal, dadivoso, magnánimo, no sólo al ceder generosamente algo de lo suyo, sino concediendo a sus semejantes libertad de pensamiento y acción. De esta suerte la honra, la abundancia y la prosperidad llamarán a sus puertas.

NOBLEZA.—Está emparentada con la divinidad. No hay cualidad tan lejana de lo grosero, brutal y egoísta como la nobleza; de modo que el verdaderamente noble tiene algo de divino. La nobleza de carácter se adquiere después de mucha experiencia y de prolongada disciplina y se asienta definitivamente en el corazón del hombre que logró sojuzgar sus pasiones animales. Sus signos externos son voz clara, de tono bajo, pronunciación firme, distinta y exenta de vehemencias, excitaciones o acritudes en circunstancias graves.

La nobleza es peculiar de los hombres rectamente religiosos, porque denota cultura espiritual. El hombre rudamente agresivo es una afrenta para los entendimientos cultos y los corazones generosos. La palabra hidalgo, originariamente más significativa que la de noble, no ha perdido en el concepto de los filólogos, su primitiva acepción de hombre comedido en sus palabras, valeroso en sus acciones, siempre dispuesto al auxilio del débil, al amparo del indefenso, a la protección del necesitado y al alivio del menesteroso. La hidalguía y la nobleza están en el corazón y no en la cuna, en el alma y no en los pañales, Los camorristas revelan en sus disputas y altercados su ignorancia e incultura. El hombre de cumplida nobleza jamás arma ni admite pendencias ni devuelve el denuesto, sino que lo deja sin respuesta o lo neutraliza con una palabra suave, mucho más poderosa que la iracunda. La nobleza está concertada con la sabiduría, y el sabio lo es, entre otras cosas, por haber sojuzgado todo impulso colérico y puede así sojuzgarlo en los demás. El hombre de carácter noble está exento de la mayor parte de las tribulaciones e inquietudes que afligen a los hombres emotivos, pues mientras éstos se fatigan con violentos e inútiles esfuerzos, aquél permanece, sereno e inalterable, con sobrada fortaleza para vencer en las batallas de la vida.

INTUICIÓN.—Es fruto de la simpatía. Al corazón compasivo acompaña una mente intuitiva, porque la sabiduría es hija de la experiencia, no de la argumentación, y antes de conocer algo, sea cosa o persona, hemos de poner nuestra vida en contacto íntimo con ella. El argumento roza la epidermis y la simpatía penetra en el corazón. El necio ve el traje y se figura que ve al hombre. El sabio ve al hombre y prescinde del traje. En toda especie de odio se establece una separación por la cual uno juzga mal a otro. En todo linaje de amor hay una mística unión por la cual uno conoce a otro.

La simpatía es la más pura fórmula de amor, y ve el corazón de todos los seres y de todas las cosas. Shakespeare es el mayor poeta del mundo, porque nadie como él demostró hasta ahora un tan profundo conocimiento del corazón humano y de la naturaleza. El *personal* Shakespeare no está en sus obras, sino infundido por simpatía en sus personajes. El sublime poeta se identifica con el sabio y el necio, con el filósofo y el bellaco, con el prudente y el loco, con el borracho y la ramera, asimilándose temporáneamente la peculiar idiosincrasia de cada cual, hasta el punto de conocerlos mejor que ellos mismos. Shakespeare no tiene parcialidad ni prejuicios. Su simpatía lo abarca todo, de lo íntimo a lo supremo.

El prejuicio es la más formidable traba de la simpatía y el conocimiento. Es imposible comprender a quienes miramos prejuiciosamente, pues sólo podemos ver cosas y personas tales como son, cuando nos despojamos de parcialidades y prejuicios. A medida de nuestra simpatía se acrecentará nuestra intuición. La simpatía va invariablemente acompañada del conocimiento.

Inseparable es el corazón sensible de la vista penetrante. El hombre compasivo tiene don de profecía, porque su corazón late en armonía con todos los corazones cuyo contenido se le descubre y revela. El pasado y futuro no son ya impenetrables arcanos para el hombre compasivo. Su intuición moral abarca el ciclo completo de la vida humana.

La intuición simpática eleva al hombre a la conciencia de liberación, gozo y poderío. Su espíritu aspira júbilo, como sus pulmones oxígeno. Ya no teme nada de los hombres ni le acompañan las porfías, adversidades ni contratiempos. Ha desvanecido todas estas deprimentes ilusiones, y ante sus despiertos ojos se dilata el reino de la majestuosa nobleza.

Sexta columna. - Sinceridad

La sociedad humana se sostiene por la sinceridad. La falsía universal engendraría una universal desconfianza que determinaría la universal disolución. La vida sana, hermosa y feliz ha de estar arraigada en la mutua confianza. Si no confiáramos en los hombres no podríamos tratar ni asociarnos con ellos. El *Timón* de Shakespeare nos revela la miserable condición del hombre que por su insensatez pierde la fe en la sinceridad de la naturaleza humana, se aparta de la compañía de los hombres y acaba por suicidarse. Dice Emerson que si elimináramos del comercio la buena fe, quedaría hecha añicos la sociedad humana, pues la buena fe es resultado de la confianza mutua entre los hombres. Los cortos de entendederas creen que el comercio es un enredijo de fraudes y trampas; pero realmente está basado en la confianza de que los hombres cumplirán las contraídas obligaciones. La secular costumbre de no exigir el pago de las mercancías hasta después de la entrega, demuestra que la mayoría de los hombres pagan sus deudas y no buscan pretextos para eludir el pago.

A pesar de todos sus defectos, la sociedad humana descansa sobre sólidas bases de verdad, y su nota fundamental es la sinceridad, pues sus principales guías son hombres de superlativa sinceridad, cuyos nombres y hazañas perduran eternamente, en prueba de que el género humano admira por doquiera la virtud de la sinceridad.

El hipócrita se figura que todos son de su condición y dice que «la socidad está podrida», como si lo podrido pudiera perdurar siglo tras siglo; pero ¿no es cierto que el ictérico lo ve todo amarillo? Quienes no ven nada bueno en la constitución de la sociedad humana deben examinarse a sí mismos, porque su turbación está en su propia casa. Llaman mal al bien y todo les parece malo a causa de que se han identificado de tal suerte con el mal, que son incapaces de ver el bien.

Decía no ha mucho un pesimista, que la sociedad está podrida hasta las entrañas, y me preguntó si no opinaba yo lo mismo; pero le repliqué diciendo que sería muy triste pensar de esa manera, pues aunque la sociedad estaba algo manchada, tenía el corazón sano y lleno de semillas de perfección.

En efecto, es la sociedad tan buena en el fondo, que el egoísta no puede prosperar ni tener influencia, sino que muy luego queda desenmascarado y cae en desgracia; pero el hecho de que semejantes hombres logren medrar algún tiempo a costa de la credulidad humana es prueba de espontánea confianza de las gentes, aunque denote falta de sabiduría.

El público admira al actor insigne que se presenta en escena; pero el hipócrita que en el escenario de la vida aparenta lo que no es, se condena al menosprecio y a la ignominia y pierde su individualidad y carácter.

El hombre profundamente sincero es una poderosa fuerza moral, incomparablemente superior a cualquier otra. La influencia de un hombre está en proporción de su sinceridad, que tan íntima relación tiene con la moralidad, y cuando aquélla falta flaquea ésta, porque la hipocresía socava e invalida toda virtud. El más leve toque de fingimiento despoja al carácter de su nobleza y lo convierte en vulgar y despreciable. La falsía es vicio tan ruin, que no puede coexistir con la firmeza de carácter, y ningún hombre de valor moral transigirá con afectados cumplimientos ni hará el tonto con mentirosos convencionalismos.

Cuando un hombre recurre a la lisonja, por leve que sea, pierde todo derecho a la admiración, porque denota flaqueza de carácter y su mente carece del poder necesario para influir en los demás. Aun aquéllos que de momento se sienten envanecidos por la adulación no escaparán a las nocivas influencias que en la mente ejerce la falta de sinceridad.

Los hombres son como las monedas, que cuando falsas se conocen por su mal sonido.

Las palabras y obras tienen también el son de su eficacia o de su invalidez. De la propia suerte que el oído corporal distingue el son de la moneda, asimismo el oído interno distingue sutilmente entre las almas. En último término resulta engañado quien engañar intenta, pues sus actos quedan al descubierto ante los corazones capaces de sentir sinceramente. Los sentidos podrán fallar en sus indagaciones; pero el alma acierta sin error en sus juicios. Esta íntima infabilidad se muestra en la opinión colectiva de las gentes sensatas, que en arte, literatura, ciencia, industria y religión disciernen intuitivamente entre lo bueno y lo malo, lo valioso y lo indigno, lo verdadero y lo falso. Las palabras, obras y hazañas de los grandes hombres son la herencia de la humanidad, que la estima en lo que vale. Entre mil libros escritos por mano de hombres, sólo uno merece los honores de la inmortalidad. Mil labios pronuncian otras tantas frases en análogas circunstancias y sólo una perdura como lección en divina sabiduría. Cierto es que los profetas murieron a manos de las turbas; pero su muerte queda como imperecedero testimonio de su grandeza.

Así como la moneda falsa para por fin el cubilete de fundición, mientras que la legítima circula de mano en mano, así también las palabras y acciones falsas caen por último en la obscuridad de donde salieron.

Lo bastardo no tiene valor alguno y mucho menos las imitaciones que tratan de suplantar legítimos productos. Lo falso es barato. El bufón es menos que hombre; es una máscara. Lo verdadero es valioso. El discreto es más que hombre; es un dechado, una fuerza, una realidad. La falsía todo lo estropea y todo lo pierde porque es ilusoria. La veracidad todo lo mejora porque es real.

A cada cual importa en gran manera no aparecer distinto del que es, sin fingimiento de virtud ni arrogancias de superioridad ni disfraces de benevolencia. El hipócrita se figura que puede engañar a las gentes y eludir la eterna ley del mundo. El único engañado es él, y así la ley del mundo le aflige con su sanción penal. Es ya antigua doctrina que perecerán los malvados, lo cual significa que llega la perversidad de ciertos hombres al extremo de perder su verdadera individualidad y quedar como animadas y movedizas sombras humanas incapaces de prosperar. Si alguien se imagina que puede adelantar en su carrera por medio de fingimientos, simulaciones e hipocresías medite lo que hace antes de hundirse en el abismo de las sombras, porque en la insinceridad no hay fundamento sólido ni substancia ni realidad; no hay nada sobre que edificar en firme ni material a propósito para la edificación, sino soledad, pobreza, vergüenza, confusión, temor, recelo, llantos, suspiros y lamentos. El infierno de la insinceridad es el quinto infierno.

Cuatro hermosas cualidades adornan el carácter del hombre sincero, que son:

Sencillez.	Perspicacia.
Ascendiente.	Prestigio.

SENCILLEZ.—Equivale a naturalidad, a la ausencia de todo artificio. No hay hermosura comparable a la de las cosas naturales que vemos tal cual son y no quisieran parecer de otra manera. La hipocresía es exclusiva de la naturaleza humana. La flor cuya hermosura admiran todos los ojos, la perdería si fuese capaz de presumir. En la naturaleza contemplamos la realidad, y su belleza y perfección nos embelesan. No hallamos en ella defecto alguno y estamos convencidos de nuestra impotencia para mejorar ni aun su obra más insignificante. Todo tiene su peculiar perfección y refulge con la belleza de ingenua sencillez.

El socialismo moderno aconseja la vuelta a la naturaleza, es decir, al cultivo de las tierras y gobierno de las granjas; pero de poco nos serviría marchar al campo si nos lleváramos nuestras afecciones; y en cambio, en cualquier parte donde estemos nos cabe libertarnos de los vicios que nos oprimen. Bueno es que quienes se sienten apesadumbrados por las conveniencias sociales se refugien en el campo y soliciten el sosiego de la naturaleza; pero fracasará en su intento si no toma la residencia rural como un medio de lograr la interna redención que le restituya a la sencillez y austeridad de la vida campesina.

Sin embargo, no quiere esto decir, ni mucho menos, que hayamos de volver a la natural sencillez del mundo animal en que vivió el hombre primitivo, pues para progresar hemos de encaminarnos hacia una más alta y divina sencillez. Los genios no fingen ni disimulan ni aparentan; como la verdad, son como son. Las mentes inferiores amañan la expresión del modo que a su parecer ha de producir efecto, y el ansia de desempeñar brillante papel en el escenario del mundo las condena a la mediocridad. Hay quien daría veinte años de su vida por escribir un poema inmortal; y, sin embargo, esta misma ambición de gloria le incapacita para componerlo, porque sólo piensa en sí mismo, en la vana gloria de la fama. Para que un hombre escriba un poema inmortal o componga una obra imperecedera, es preciso que dé antes, no veinte años de su vida, sino la vida entera en beneficio de la humanidad. Debe olvidarse de que puede hacer grandes obras y ha de cantar, pintar o escribir tras mil amargas experiencias, fracasos, vencimientos, penas y alegrías. Ha de haber estado en Gethsemaní. Ha de trabajar entre sangre y lágrimas.

Grande llega a ser el hombre que retiene sus potencias intelectuales y morales y vuelve a la sencillez de vida. No menosprecia nada real y arroja de sí los vicios que acortezaban el áureo meollo de su carácter. La sencillez es compañera inseparable de la sinceridad; una sencillez semejante a la que vemos en la naturaleza: la hermosa sencillez de la verdad.

Ascendiente.—Es el fruto de la sencillez. Así vemos que todo lo natural tiene atractivo y en el hombre sencillo se manifiesta en ascendiente o influencia. Desde hace algunos años van por ahí unos cuantos místicos de oropel vendiendo el secreto del magnetismo personal, o sean los ocultos medios de conseguir ascendiente sobre un tercero, como si la simpatía, el amor y demás efectos del ánimo fuesen mercadería vendible y susceptibles de quitapón. Tampoco lograrán hacerse atractivos quienes en ello pongan afectado empeño, porque su vanidad se lo impide, y por otra parte echan las gentes en él de menos las genuinas prendas de carácter que determinan el verdadero atractivo y no admiten sucedáneo, porque nada puede substituir a la lucidez de mente y fortaleza de carácter. El ascendiente, como el genio, no es para quien lo ambiciona, sino para quien lo merece. Nada hay en la naturaleza humana, ni talento ni ingenio ni hermosura, tan atractivo e influyente como esa rectitud mental y entereza de corazón a que llamamos sinceridad. El hombre sincero despide de toda su persona indefinible encanto y da de sí cuanto de mejor cabe en la naturaleza humana. Si no hay sinceridad no puede haber encanto personal, aunque haya fatuidad, que es una enfermedad moral muy lejana del indisoluble lazo que une a las personas sinceras. La fatuidad acaba en penosa desilusión; y como entre las almas sinceras nada hay encubierto y se mantienen firmemente establecidas sobre el sólido fundamento de la realidad, no han de disipar ilusión alguna.

Los hombres de pro atraen y cautivan por el poderío de su sinceridad, cuya medida equivale a la de su ascendiente. Por mucho talento que tenga un hombre no podrá ser caudillo y guía de los hombres si no es sincero. Aunque durante algún tiempo flote sobre la corriente de popularidad y se crea seguro en su peana, no durará mucho tiempo el disfraz en su rostro pintarrajeado como el de presumida vieja a quien todos calladamente menosprecian, por más que finjan admirarla, y muy luego caerá derribado por las iras populares.

Las personas sinceras no se engríen de su talento ni de su ingenio ni de su virtud ni de su hermosura; y precisamente esta misma modestia les capta las simpatías, afecto, confianza y estima de las gentes.

Perspicacia.—Es una cualidad menos mundana que la sagacidad y no tan divina como la intuición. La penetrante mirada del hombre sincero descubre las simulaciones del hipócrita y ahuyenta al tramposo y fraudulento, porque quien desechó de su corazón toda falsía y tan sólo acoge la verdad, adquiere el poder de distinguir en los demás lo falso de lo verdadero. No queda engañado el que a sí mismo no se engaña.

El hombre sincero echa de ver la diferencia de carácter de los individuos, tan distintamente como el campesino distingue a primera vista una culebra, un pájaro, un caballo, una rosa, etc.

En actitudes, gestos, palabras y ademanes, conoce el carácter de una persona y procede de conformidad con sus observaciones para mantenerse en guardia sin recelosas suspicacias. Se precave sin desconfianza contra el hipócrita y obra por conocimiento positivo y no por negativa prevención. Los hombres son para él un libro abierto cuyo contenido lee. Su penetrante juicio alcanza el centro de las acciones y le capacita para estimarlas en lo que son. Su recta e inequívoca conducta reconforta al bueno y avergüenza al malo, de suerte que es el apoyo de cuantos no alcanzaron su sana entereza de mente y corazón.

Prestigio.—Acompaña a la perspicacia y consiste en dar a las acciones la mayor validez posible, de suerte que sirvan de ejemplo a las gentes. El conocimiento es siempre una fuerza; pero el conocimiento de la naturaleza de las acciones culmina en poderío bastante para que el hombre se convierta en un ser superior respecto del vulgo, cuyas acciones modifique prestigiosamente en el sentido del bien. Largo tiempo después de su muerte sigue siendo en el mundo una fuerza educadora, una espiritual realidad que opera sutilísimamente en la mentalidad humana y la encamina hacia más sublimes fines. En un principio su prestigio es local y limitado; pero el círculo de justicia y rectitud que puso en movimiento continúa dilatándose hasta abarcar el mundo todo e influir en la humanidad entera.

El hombre sincero estampa su carácter en cuanto hace y en cuantas gentes con quienes se relaciona. Habla oportunamente y su palabra resuena de oído en oído infundiendo alientos en mil desconsoladas almas. Todo el oro del mundo no bastaría para justipreciar las inestimables joyas de su carácter.

Tal es la fortísima columna de la Sinceridad. Su resistencia es tan grande, que una vez erigida queda seguramente estable el templo de la Prosperidad. No se cuartearán sus muros ni cederán sus vigas ni se derrumbará su techumbre. Permanecerá en pie mientras el hombre viva, y después de su muerte continuará concediendo refugio y albergue a otros hombres de generación en generación.

Séptima columna. - Imparcialidad

Gran cosa es desechar los prejuicios que amontonan obstáculos en el camino del hombre, de suerte que siempre está debatiéndose contra imaginarios enemigos que, una vez desvanecido el prejuicio, se convierten en amigos. Verdaderamente la vida es una especie de carrera de obstáculos invencibles para el hombre prejuicioso, mientras que para el hombre imparcial es la vida un paso por amena campiña con refrigerio y descanso al término de cada jornada. La imparcialidad exige la eliminación del congénito egoísmo que impide ver las cosas desde un punto distinto del propio. La verdad, como la fe, remueve las montañas, y el prejuicio es una cordillera tras la que nada acierta a ver el partidista, ni cree que pueda haber nada más allá de ella; pero removidas estas montañas, se explaya ante los ojos el interminable panorama mental de espléndidas coloraciones y admirables contrastes de luz y sombra. Por aferrarse a pertinaces prejuicios ¡qué de goces perdidos! ¡qué de amigos sacrificados! ¡qué de dichas malogradas!

¡qué de esperanzas marchitas! Sin embargo, pocos son los libres de prejuicios en asuntos que les interesen. Rara vez hay quien desapasionadamente discuta una cuestión bajo sus diversos aspectos, considerando todos los hechos y ponderando todas las pruebas para descubrir la verdad entreoculta en el fondo. Cada parcial tiene de antemano formada su opinión y no investiga la verdad, sino que ya está convencido de que su parecer es el verdadero y todos los demás erróneos. No defiende su causa con hechos y pruebas demostrativas de la razón que a su juicio le asiste y de la verdad que a su entender posee, sino que se acalora en la discusión y a toda costa quiere prevalecer.

Los prejuicios mueven al hombre a forjarse una determinación, casi siempre sin fundamento lógico, y a rechazar de plano cuanto a ella se oponga, con lo que resulta el prejuicio un formidable obstáculo para la adquisición del conocimiento, pues no sólo le sume en ignorancia y tinieblas y embaraza los pasos de su mente en más altas y nobles vías, sino que además le aparta de la comunicación con los hombres superiores y lo relega a la obscura y solitaria celda de su egoísmo.

El prejuicio es una pantalla que no deja penetrar en la mente nuevas luces ni percibir nuevas bellezas ni escuchar divinas armonías. El unilateral se apega a su mezquina opinión y la diputa por la mejor del mundo. Tan enamorado está de sus ideas que le parece que todos habrían de aceptarlas y moteja de imbéciles, estúpidos e idiotas a quienes no comulgan en su capilla, al paso que pondera la sensatez de cuantos coinciden con sus opiniones. Un hombre así no puede adquirir el conocimiento ni poseer la verdad, porque está recluído en la esfera de prejuicios forjados por su egoísmo en las afueras del reino de la realidad.

Se infatúa de tal modo, que no echa de ver los más vulgares hechos de la vida, y en cambio se representa en colosales proporciones sus deleznables teorías, según las cuales nada puede considerarse sino desde el punto en que él lo considera, siendo así que cada cosa tiene al menos dos aspectos y sólo la conoce quien, libre de toda agitación, sin deseo de que predomine un aspecto sobre otro, examina ambos imparcial y desinteresadamente.

Las divisiones y controversias del mundo son como los debates de una causa jurídica. La acusación y la defensa presentan respectivamente pruebas y testigos de su alegato, y cada cual rebate, menosprecia, desmiente o invalida desde su peculiar punto de vista las afirmaciones de la parte contraria. El magistrado es en la causa lo que el pensador imparcial ha de ser entre los hombres, pues luego de oídos los argumentos y vistas las pruebas de ambas partes, las compara y analiza para formular el resumen imparcial de los autos.

No es mala en sí esta universal parcialidad que se advierte en todas las discusiones, porque, como en los demás extremos, la naturaleza equilibra y reduce la oposición de las partes contendientes y se vale de la disparidad de opiniones como de medio de evolución, ya que mueve a pensar a los hombres no capaces todavía de elevarse a las cumbres del pensamiento. Es una fase por la que han de pasar todos los hombres; es un penoso vericueto interferente con la real calzada de la verdad; es un arco del perfecto círculo de la imparcialidad. El partidista ve tan sólo un fragmento de la verdad y se figura que es la verdad completa. El pensador imparcial abarca la verdad entera bajo todos sus aspectos. Es de todo punto necesario que primeramente vayamos viendo la verdad a fragmentos, por decirlo así, hasta que, reunidas todas sus partes, las combinemos en acabado conjunto de imparcialidad.

El hombre imparcial examina, pesa, considera y analiza el asunto, libre de prejuicios, simpatías y antipatías. Su único anhelo es descubrir la verdad, y abominando de toda opinión preconcebida deja que los hechos hablen. No ha de poner el asunto en tela de jucio, porque sabe que la verdad es inmutable y que sus opiniones no pueden alterarla; pero sí puede investigarla y descubrirla. De aquí que el hombre imparcial ahorre gran cantidad de energía y evite el desgaste nervioso a que el fanático partidista está sujeto, y además afronte tranquilo y sosegado la adversidad.

Tan rara es la carencia de prejuicios, que doquiera esté el pensador imparcial puede tener la seguridad de que no tardará en merecer la estimación de quienes trate y de ocupar un elevado sitio en la guía de los destinos humanos, por humilde y modesta que sea su posición social. Carpintero, tejedor o dependiente, en la choza del labriego o en el palacio del millonario, alto o bajo, grueso o flaco, el hombre imparcial influye en las gentes desde su ignorado asiento, hasta que algún día se le reconoce como una nueva fuerza y un foco creador en la evolución humana.

No merece el título de pensador quien está aprisionado por los prejuicios; es simplemente el esforzado mantenedor de una opinión. Todas las ideas pasan a través del medio de su peculiar prejuicio y reciben su color, de modo que no le es posible pensar sin pasión y juzgar imparcialmente. El prejuicioso ve las cosas tan sólo relacionadas con su particular opinión, mientras que el pensador las ve tales como son. Quien despoja su mente de prejuicios y de toda imperfección egoísta, hasta el punto de ver directamente la realidad, alcanza la cumbre del poder y mantiene en sus manos el cetro de la más amplia influencia, consciente o insconsciente, pero tan inseparable de su vida como el perfume de la flor. Esta influencia se advertirá en sus palabras, acciones, actitudes y ademanes, aunque enmudézcan sus labios y repose su cuerpo. Doquiera vaya, así huyese al desierto, no anularía su elevada influencia, porque un gran pensador es el centro del mundo en cuyo torno gravitan las acciones y pensamientos de los hombres.

El verdadero pensador trasciende el hirviente remolino de pasiones en que la humanidad está engolfada. No le tuercen consideraciones personales, porque estima la importancia de los principios impersonales, y sin tener que batallar con los deseos puede apreciar serenamente la causa y significado de la contienda.

No sólo los grandes instructores del mundo sino también las eminencias literarias supieron ver libres de prejuicios, como reflejada en el espejo de su mente, el alma de las cosas. Así Whitman, Shakespeare, Calderón, Balzac, Emerson, Cervantes y Homero, cuya mente no fué local sino universal y cuya actividad fué cósmica, no personal, porque abarcaron en sí todos los seres, todos los mundos y todas las leyes. Son faros de la humanidad, guías de la raza, que de sus febriles pasiones la conducirán finalmente a su tranquila y serena patria.

Los cuatro elementos principales de la imparcialidad, son:

    Justicia.   Serenidad.
    Paciencia.   Sabiduría.

Justicia.—Es la equivalencia entre lo que se da y lo que se recibe. Los llamados «buenos negocios» tiene algo de robo, pues suponen que el vendedor retira a costa del comprador una pingüe ganancia.

El hombre justiciero estima las cosas en su justo valor, y sin conato de exagerado lucro ajusta sus transacciones con perfecta equidad, pues sabe que de este modo recibirá mejor pago, y no busca su beneficio a costa del ajeno, porque está convencido de que uno pierde lo que otro gana.

Las riquezas mal adquiridas no pueden ser fundamento de prosperidad, sino determinante segura de fracaso. El hombre justo se guardará de lucrar a expensas de su cliente, tanto como de escamotear una cartera del bolsillo de un transeunte. Para él tan fullera es una acción como otra.

El afán de ganancia no es el verdadero espíritu comercial, sino el egoísta y truhán espíritu rateril, que ansía obtener algo por nada. El comerciante íntegro elimina de sus negocios toda arte gitana y los funda en rigurosas bases de justicia. Vende un buen producto a justo precio y no lo altera ni se ensucia las manos con el fraude.

Por otra parte, los compradores que tratan de explotar la necesidad que de vender tiene a veces el comerciante, regateando despiadadamente los precios, quebranta asimismo los principios de justicia.

Quejábase no ha mucho un sujeto muy amante

de la justicia, de que le hubiesen engañado en una compra contándole precio doble; pero el hombre de bien no debe sentir que le hayan engañado en transaciones no ajustadas por él, pues únicamente cuando apetece adquirir gangas a mitad de precio puede lamentarse de que le trunquen la ambición engañándole de medio a medio.

El hombre equitativo se complace en pagar o cobrar el precio justo de cada cosa, y su corazón queda tranquilo y sus días rebosan de paz.

Ante todo es preciso evitar la ruindad y esforzarse en proceder cada vez con mayor justicia, porque el que no es justo no puede ser honrado ni generoso ni varonil, sino una especie de ladrón disfrazado, siempre al acecho de cuantiosas ganancias al menor coste posible.

PACIENCIA.—Es la joya más brillante del carácter de un hombre imparcial. No se trata de tener paciencia en cosa determinada, como la que tiene una muchacha con su encaje o un chiquillo con su juguete, sino la invariable moderación y serenidad de ánimo que las más duras pruebas son incapaces de conmover y las más enconadas persecuciones no logran quebrantar. Rara es la virtud de la paciencia, que tal vez en siglos no cabe esperar de la masa general de la humanidad, y así es necesario irla adquiriendo poco a poco, pues aun en débil grado obra maravillas en la conducta y en los negocios del hombre, al paso que la impaciencia todo lo estropea y malogra. El irascible corre velozmente al fracaso, porque ¿quién querrá tratos con quien estalla como la pólvora en cuanto le toca la chispa de la más leve contrariedad? Aun los mismos amigos repugnarán su compañía al verse insultados por su iracunda lengua en cuanto se suscite entre ellos una mala inteligencia o cualquier discrepancia de opinión.

El hombre ha de empezar por dominarse prudentemente y aprender las hermosas lecciones de la paciencia, si quiere prosperar definitivamente y ejercer influencia y poderío.

Ha de aprender a pensar en el bien de los demás y no sólo en el de sí mismo; a ser atento, complaciente y sufrido; a vivir en paz con las gentes que difieren de él en cosas que considera de vital importancia, evitando toda querella con el mismo cuidado con que evitaría una bebida ponzoñosa. Continuamente se verá alterado por la discordia; pero su deber es fortificarse rudamente contra ella y transmutarla en armonía por el dilatado ejercicio de la paciencia.

Muy frecuentes son las disputas que laceran el corazón y conturban la mente. Muy rara es la paciencia que consuela el corazón y embellece la mente.

Fácil es odiar y encolerizarse, pues no requiere esfuerzo alguno, sino relajación de conducta. Así se enfurecen las fieras; pero el *hombre* no suelta sus amarras en ninguna circunstancia, y es sufrido y paciente con las flaquezas del prójimo. Si el agua desgasta la durísima roca, la paciencia vence la más ruda oposición y rinde los humanos corazones.

SERENIDAD.—Es una grande y gloriosa virtud, que acompaña inseparablemente a la paciencia. Es el tranquilo puerto de las almas redimidas tras su prolongada travesía por el tempestuoso mar de las pasiones. La serenidad es peculiar del que sufrió y aguantó y aprendió mucho antes de lograr la victoria final. No cabe imparcialidad sin serenidad. La excitación, el prejuicio y la parcialidad dimanan del tumulto de las pasiones. Cuando el deseo personal se ve contrariado, rebulle y espumarajea como vena de agua al saltar de la compuerta. El hombre sereno evita esta turbulencia, y encauza sus sentimientos por la corriente impersonal, de modo que piensa y siente por los demás tanto como por sí mismo y concede el mismo valor lógico a las opiniones ajenas que a las propias. Si considera importante su labor, no menos importancia atribuye a la labor de otros hombres, sin fundar el mérito de lo suyo en el desmérito de lo de los demás. No se engríe de sus acciones porque está libre de egoísmos, y advierte la verdadera relación entre todas las cosas. Ha vencido la irascibilidad y nada hay ya en él que pueda airarle. Comprende la natural necesidad de que difieran las opiniones y no se irrita porque haya quien no vea las cosas según él las ve, como tampoco se irritaría contra el clavel porque no es rosa.

La serenidad engendra dicha, allega poderío y capacita para realizar segura, callada y diligentemente lo que el irascible tarda en llevar a cabo con mucho estrépito y trabajo. Su mente está purificada, equilibrada, concentrada y dispuesta en todo momento para aplicarse con infalible acierto a determinada labor. En la mente serena están sosegadas las pasiones, resueltos los conflictos, armonizadas las contradicciones y radiantemente establecida la perpetua paz. Así dice Emerson que la serenidad es el gozo convertido en hábito.

Pero no confundamos la serenidad con la indiferencia, porque ésta es el vicio opuesto. La indiferencia es mortecina y la serenidad vívida. El hombre sereno ha vencido total o parcialmente su naturaleza inferior, y como ha batallado victoriosamente contra su egoísmo, sabe cómo rendirlo en los demás. En toda contienda de orden moral el hombre sereno obtiene la victoria, porque mientras no pierda la serenidad es imposible la derrota. El dominio propio vale mucho más que las riquezas y la serenidad es una perpetua bendición.

SABIDURÍA.—Mora en el hombre justo e imparcial.

Le guía con sus consejos, le escuda con sus alas, y por floridas selvas lo conduce a dichosos términos. La sabiduría es multilateral. El sabio se acomoda a la condición ajena para obrar en bien del prójimo, sin por ello infringir jamás las virtudes morales ni los principios de buena conducta. El necio no es capaz de acomodarse a la condición ajena, sino que obra por sí y ante sí, con incesante quebranto de las virtudes morales y de los principios de recta conducta. En cada acto de imparcialidad hay un grado de sabiduría, y cada pensamiento, palabra u obra de sabiduría es para el mundo una lección henchida de grandeza. La sabiduría es fuente de conocimiento y manantial de poderío. A un tiempo amplia y profunda, exacta y extensa, abarca hasta los más ínfimos pormenores en su dilatada grandeza. La mente del sabio es como el mundo, que contiene las cosas en su peculiar condición y apropiado lugar sin que le apesadumbre la carga. También como el mundo es la mente serena, libre, y, sin embargo, indesviable. La sabiduría es respecto a la evolución moral lo que la virilidad respecto a la evolución física. Las flaquezas, ignorancia y atolondramiento de la niñez ceden ante la sensatez, discreción y equilibrio de la virilidad.

La mente no necesita sostén ajeno. Por sí misma se sostiene en el firmísimo terreno del conocimiento resultante, no de la erudición, si no de la experiencia. Ha pasado por todos los estados mentales y así conoce todas las etapas de la evolución mental. Ha viajado con todos los corazones y también conoce las jornadas de gozo y pena.

El hombre se exalta y transfigura al conseguir la sabiduría, y es entonces como un nuevo ser con nuevas potencias y aspiraciones. Mora en un nuevo universo donde ha de cumplir más glorioso destino.

Tal es la columna de la Imparcialidad, que con su robusta solidez e incomparable gracia contribuye a sostener el templo de la Prosperidad.

Octava columna. - Confianza propia

Todos los jóvenes deberían leer la monografía de Emerson sobre la confianza propia. Es lo más viril que se ha escrito hasta ahora sobre este asunto, pues tiende a curar las dos enfermedades mentales tan frecuentes en la juventud, que se llaman execración y engreimiento; y mientras por una parte representa al presumido lo deleznable de su vanidad, por otra demuestra al tímido la flaqueza e ineficacia de su encogimiento. La obra de Emerson es como una nueva revelación de varonil dignidad, análoga a la que brotó de labios de los antiguos videntes y profetas, y tal vez más práctica y mejor adecuada a esta positivista época, por venir de un profeta moderno nacido en una nueva raza.

No confundamos la confianza propia con el engreimiento, porque tan noble y excelente es una como vil e indigno otro. Nada ruin puede haber en la confianza propia, al paso que nada grande cabe en el engreimiento.

Quien temeroso de que lo tengan por ignorante expone presunciones y conjeturas en cuestiones de que nada sabe, no sólo descubre la hilaza de su ignorancia, sino que denota con ello pueril engreimiento. La honrada confesión de ignorancia inspirará respeto, mientras que la jactanciosa presunción de conocer el asunto moverá a menosprecio.

No es hombre completo el tímido y encogido, que parece asustado de vivir y siempre anda temeroso de hacerlo todo mal. Carece de acción independiente y se ve instigado a remedar a los demás. Necesita aquel sentimiento de confianza propia que le mueva a tomar la iniciativa para ejemplo de otros, en vez de someterse a la influencia ajena.

Tampoco es hombre quien se resiente de los golpes del ridículo. Los dardos de la befa y el escarnio no atraviesan la recia armadura del hombre que confía en sí mismo, ni alcanzan la inexpugnable fortaleza de su honrado corazón. Al llover sobre él las agudas flechas de la ironía, se quiebran en el fortísimo escudo de su confianza y caen al suelo sin herirle.

A través de los siglos se han apoyado y aun se apoyan los hombres en externos artificios, en vez de sostenerse sobre su congénita sencillez y dignidad. Los pocos que tuvieron el valor de sostenerse por sí mismos fueron exaltados a la categoría de héroes, porque verdadero héroe es aquel que descansa sobre el robusto pedestal de su intrínseca valía.

Cierto es que el candidato de tan culminante

heroísmo ha de sufrir rudas pruebas de su fortaleza. No debe sonrojarse de su situación ante el fantasma de un simiesco convencionalismo, ni debe temer por su posición social ni por su prestigio mundano, pues ha de obrar independientemente de todas estas consideraciones que para él han de ser de tan poco valor como las modas de los antípodas. Sin embargo, una vez sufrida esta prueba, cuando ni la calumnia ni el odio sean capaces de conmoverle ni afligirle, alcanzará la verdadera hombría y la sociedad habrá de aclamarle y recibirle tal como sea.

Tarde o temprano, la generalidad de los hombres proclamarán por su guía al varón dueño de sí mismo; y aunque las mentes superiores no se apoyen en él, le respetarán con la debida estimación de su obra y le asignarán un lugar entre los hombres divinos.

La confianza propia no ha de asociarse en modo alguno con el orgullo y vanidad que desdeñan recibir lecciones de nadie, pues semejante actitud deriva de una contumaz arrogancia, con todos los elementos de debilidad y fracaso, en vez de los poderosos elementos que prometen el éxito y son característicos de la confianza propia. El orgullo se apoya en circunstancias pasajeras, como el dinero, los trajes, las haciendas, el prestigio, la posición y valimiento, que si se pierden queda todo perdido, mientras que la confianza propia descansa sobre cualidades inherentes a la individualidad, como la honradez, el valor, la sinceridad, la justicia, la fortaleza, la prudencia y demás virtudes que una vez adquiridas jamás se pierden. El orgullo disimula su ignorancia con la ostentación y el engreimiento y repugna tomar ejemplo de nadie. Durante su fugaz prevalencia parece como si todo hubiera de rendírsele; pero cuanto más alto se encarame hoy, más bajo se hundirá mañana.

La confianza propia nada ha de ocultar y está deseosa de aprender y es compatible con la humildad; aun más, son complementarias, y el mayor grado de confianza propia equivale al mayor grado de humildad. Nos ofrece Emerson como vivo ejemplo de que los extremos se tocan, el de la altanería y la humildad, pues no hay noble ni magnate ni prócer ni príncipe tan respetable como el varón que llegó a las fronteras de la santidad. ¿Por qué es tan humilde si no porque sabe que la grandeza de Dios mora en él?

Decía el sabio Gautama sobre el particular a sus discípulos:

«De entre vosotros alcanzarán las más altas cumbres quienes desde ahora, o después de mi muerte, sean como una antorcha para sí mismos y en sí mismos confíen y no en ayuda ajena, sino que mantengan firmemente la verdad y sólo en la verdad busquen su salvación, sin impetrar auxilio de nadie más que de sí mismos. Pero deben tener deseos de aprender».

Por la insistencia en la necesidad de confiar únicamente en sí mismos, hermanada con el final estímulo al deseo de aprender, resulta esta alocución el más hermoso alegato en pro de la confianza propia, perfectamente equilibrada con la humildad.

La confianza propia es la esencia del heroísmo. Todo grande hombre confía en sí y hemos de tomarles por dechado y ejemplo, no como muletas y lazarillos. El hombre superior no es secuaz de nadie, sino que se mantiene firme sobre la sólida base de la verdad y el mundo acaba por confiar en él. Si nos alumbramos con ajenas luces quedaremos a obscuras cuando menos lo pensemos; pero si nos alumbramos con nuestra propia luz sólo habremos de cuidar de que no se apague. Podemos recibir luz de otros y al propio tiempo difundirla entre otros; pero pensar que bastan las ajenas luces, mientras nuestra lámpara se enmohece arrinconada, equivale a sumirnos en tinieblas.

Nuestra luz interior no deja nunca de alumbrarnos.

¿Qué es la interna luz de que tanto hablan los místicos, sino una distinta denominación de la confianza propia? Hemos de sostenernos en lo que somos, no en lo que los demás son. Alguien replicará diciendo que es demasiado débil y pobre; pero precisamente si sabe mantenerse firme en su debilidad y pobreza, no tardará en realzar su situación. Un chiquillo necesita mamar y que lo lleven en brazos; un hombre sabe ganarse el pan y anda por su pie. La principal desazón del hombre deriva de la desconfianza de sí mismo, del menosprecio, rayano en bajeza, en que se tiene al considerarse como un vil gusano de rastreros movimientos, cuyas consecuencias no pueden ser otras que rastreras acciones. Verdaderamente será exaltado quien se humille, pero no quien se degrade. Si un hombre, al examinar su conciencia, advierte en sí algún vicio debe desecharlo cuanto antes y confortarse con lo que en sí advierte de virtuoso y meritorio, porque nadie queda rebajado si a sí mismo se rebaja, y exaltado queda quien su conducta exalta. ¿Por qué ha de fijarse tan reiteradamente el hombre en su naturaleza inferior? Hay una falsa humildad que parece enorgullecerse del vicio. El que cae demuestra con ello que puede levantarse y enmendar su conducta. Si un viandante cae en un foso, no se queda allí, sino que demanda auxilio a los pasajeros, y levantado de su postración prosigue el viaje con mayor cuidado. Así, quien haya caído en la hondonada del vicio, levántese, y después de limpio prosiga alegre su camino.

No hay circunstancia ni modalidad de la vida en que la influencia del hombre superior deje de acrecentarse considerablemente por la confianza propia, que es cualidad indispensable en los instructores, maestros, apóstoles, estadistas, gobernantes, directores, jefes, caudillos y quienes quiera ocupen posición de autoridad y mando.

Las cuatro componentes principales de la confianza propia son:

| Decisión. | Dignidad. |
| Firmeza. | Independencia. |

DECISIÓN.—Es la determinante de la fortaleza. El indeciso es forzosamente débil. Quien desempeña un papel, por insignificante que sea, en el drama de la vida, ha de saberlo perfectamente y representarlo con robusta decisión. Dude de lo que dude, no ha de dudar de su facultad para la acción. Ha de tener sólidos conocimientos fundamentales en que apoyar su labor, asegurarse en ellos y estar dispuesto a cumplir siempre con su deber, de modo que ni se atribule ni vacile en ninguna eventualidad o contingencia de su profesión. Bien dice el adagio que «quien vacila está perdido». Nadie cree en el que vacila, duda, titubea, fluctúa y no sabe nunca qué sendero tomar en las encrucijadas de la vida. ¿Quién entraría en tratos con un comerciante que ignorase el precio de sus artículos o no los tuviese a mano? Cada cual debe conocer sus asuntos, porque si desconoce lo suyo ¿quién le aleccionará? Ha de ser capaz de satisfacer a su verdad interna y tener el decisivo tacto que sólo la experiencia y el conocimiento pueden infundir.

La seguridad es un poderoso elemento de la confianza propia. Para tener influencia es preciso que el hombre comunique alguna verdad por experiencia propia y no como los escribas. Ha de ser maestro en algo y conocerlo acabadamente, para tratar de ello como maestro y no como aprendiz.

La indecisión es un factor desintegrante. A veces un minuto de vacilación invierte la corriente del éxito. Quienes vacilan en tomar una resolución, por temor de equivocarse, suelen desacertar en cuanto hacen. Los más prontos en el pensamiento y la acción están menos expuestos a error, y más vale obrar con decisión y equivocarse, que equivocarse después de muchas vacilaciones, porque en el primer caso tan sólo hay error y en el segundo al error se añade la debilidad.

Siempre ha de ser el hombre decisivo en todo y estar igualmente dispuesto a confesar su ignorancia y a comunicar sus conocimientos. Si se funda en los hechos y obra de acuerdo con la verdad, no tendrá motivos de fluctuar entre dos opiniones. Pensad ágilmente y decidíos a la acción, o mejor todavía, tened la mente disciplinada y la decisión brotará espontánea e instintiva de vuestro ánimo.

Firmeza.—Es gemela de la decisión y aun cabe afirmar que es la misma decisión en elegir definitivamente la mejor línea de conducta y el sendero más conveniente en la vida. Es la promesa que hace el alma de no apartarse de los divinos mandamientos, suceda lo que quiera. Lo mismo da que la promesa sea verbal o escrita, porque la quebrantable lealtad a los principios morales es el espíritu de toda promesa.

Quien carezca de principios fijos poco hará en su vida. La versatilidad, que tiene por único expediente salir del paso, es un lodazal en cuyo fondo se debate el hombre en el cieno de su inmoralidad y le atormentan los abrojos del desengaño.

Cada cual ha de colocarse en terreno firme para tratar con sus semejantes y no renquear en el pantano de las condescendencias. La inconstancia es un vicio de flaqueza que socava el carácter más hondamente que los vicios de animalidad, pues éstos se transmutan en virtudes, gracias a su inherente energía, en cuanto la mente reflexiva invierte su orientación, mientras que los vicios de flaqueza están faltos de virilidad, sin la necesaria consistencia para que en ellos pueda actuar la mente. Quien comprende que la energía lo mismo tiene aplicación al bien que al mal, no se maravilla de que los borrachos y rameras entren en el reino de los cielos antes que los hipócritas y mojigatos, pues en su conducta hay energía que, aunque aplicada al mal, es susceptible de revertir por el arrepentimiento y la enmienda al bien. Así del gran pecador sale el gran santo.

Conviene que el hombre discipline y fije su mente y se decida por los principios morales que han de salvarle en todas las contingencias y servirle de guía en el laberinto de las encontradas opiniones, de suerte que si nunca los abandona tampoco le abandonarán, iluminándole en las tinieblas, consolándole en las aflicciones e infundiéndole valor para vencer las contrariedades de la vida.

DIGNIDAD.—Es el majestuoso ropaje de un carácter firme. El que se muestra inflexible como barra de acero para el mal y dócil como rama de sauce para el bien, lleva en sí la dignidad cuya presencia tranquiliza y eleva a cuantos sienten su avasallador influjo.

En cambio, no puede haber calma, equilibrio, majestad y compostura en el hombre de mente mudable, juguete de sus pasiones, que al interés personal sacrifica sin escrúpulo su interés moral.

El hombre digno no puede sucumbir en esclavitud, porque cesó de esclavizarse a sí mismo. Con una mirada, una palabra o un prudente y significativo silencio desarma y confunde a quien intenta envilecerle. Su sola presencia es eficaz reconvención para el petulante y el impertinente, mientras que es fortísima roca para los amantes del bien.

Pero la principal razón de que el hombre digno infunda respeto, no está en que se respeta profundamente a sí mismo, sino en que trata a todo el mundo afablemente con la debida estimación. El orgulloso se ama a sí mismo y trata a sus inferiores con altanero desdén, porque el egoísmo y la altanería andan siempre de la mano par a par, de suerte que el más egoísta es también el más arrogante. La verdadera dignidad dimana del sacrificio y no del egoísmo, esto es, de la inquebrantable adhesión a la suprema ley moral.

La dignidad del juez estriba en que al cumplir su deber prescinde de toda consideración personal y se atiene rigurosamente a la ley. Su insignificante personalidad, inestable y pasajera, se anonada ante la plenitud de la majestuosa y substantiva ley. Perdería la dignidad el juez que al sentenciar infringiese la ley movido de personales sentimientos y prejuicios. De la propia suerte, el hombre de carácter puro y digno se sujeta a la ley divina y no a sentimientos personales, porque en cuanto da rienda a las pasiones pierde su dignidad y se confunde entre la turbamulta de los necios e impulsivos.

La dignidad y compostura de cada cual dependerá de su obediencia a la ley, pues mientras a ella se sujete, sin ceder a los personalistas elementos de las pasiones, prejujcios e intereses, se mantendrá firme y sereno en la augusta tranquilidad de su conciencia.

INDEPENDENCIA.—Es el privilegio del varón fuerte y dueño de sí mismo. Todo hombre ama la libertad y lucha por ella. Todo hombre aspira a la independencia, y a menos que sea un inválido o un idiota debe trabajar para sí mismo y para la sociedad, pues fuera vergonzoso que viviese a costa ajena sin dar nada en cambio. Esta especie de libertad es la más depravada forma de esclavitud. Tiempo vendrá en que, ahuyentados por universal menosprecio, desaparezcan los zánganos de la colmena humana.

La independencia y la libertad son hijas del trabajo, no de la holganza, y el hombre que en sí mismo confía es demasiado digno, honrado y justo para depender de otros. Con su trabajo manual o intelectual conquista el derecho a vivir como hombre y ciudadano, y así ha de conducirse, sea rico o pobre, porque la riqueza no cohonesta la ociosidad, antes al contrario, proporciona ocasiones de trabajar en beneficio de la patria.

Libre e independiente es el que sólo cuenta consigo mismo.

Tal es la naturaleza de las ocho columnas descritas. Hemos visto cuáles son sus cimientos, la cuaternaria combinación de los materiales de sus fábricas y su colocación arquitectónica para sostener el templo de la Prosperidad. Quien no sabía como edificarlo, tiene ya claramente expuestas las reglas de la edificación. Quien imperfectamente las conocía habrá podido perfeccionar su conocimiento; y quien ya del todo estaba familiarizado con ellas se complacerá en esta sencilla ordenación de la ley moral.

Contemplemos ahora el templo de la Prosperidad en conjunto, con la robustez de sus columnas, la firmeza de sus muros, la resistencia de su techumbre y la belleza arquitectónica de su acabada fábrica.

El Templo de la Prosperidad

Quien haya leído esta obra con interesadas miras habrá echado de menos los pormenores referentes al arte de hacer fortuna, de enriquecerse en los negocios, de allegar poderío material, influencia política y otros objetivos propios de la ambiciosa personalidad. Cuatro son las razones de esta omisión:

1.ª Los pormenores no sirven por sí solos para edificar, pues han de estar acertadamente relacionados con los principios fundamentales.

2.ª Los pormenores son innumerables y cambian sin cesar, al paso que los principios son pocos, eternos e inmutables.

3.ª Los principios cohesionan, regulan y armonizan los pormenores, de suerte que la obediencia a los principios equivale a dominar los pormenores.

4.ª Todo instructor, de cualquier orden que sea, debe adherirse rígidamente a los principios y no separarse jamás de ellos por móviles personales, pues todo lo que a la personalidad se refiere es mudable, transitorio, contingente y caedizo, mientras que los principios son eternos, permanentes, necesarios y perennes en el universo.

Quien entienda los principios expuestos en esta obra y discretamente los practique comprenderá el por qué de las precedentes razones. Los pormenores de una profesión, por importantes que sean, en pormenores quedan de aquella determinada profesión, sin relación alguna con las demás; pero los principios morales son los mismos para todas las profesiones y todos los hombres en cualquier estado y condición.

Quien obra de conformidad con los inmutables principios de la ley moral no ha de atosigarse con la múltiple complicación de pormenores, pues los abarca en un sencillo pensamiento y sin esfuerzo ni ansiedad los ve iluminados por la luz del principio a que se refieren.

Mientras no se abarcan los principios, se da capital importancia a los pormenores que, considerados como primer elemento, suscitan innumerables complicaciones y producen confusos resultados; pero a la luz de los principios aparecen los pormenores como hechos secundarios, y considerados de esta suerte quedan vencidas y anuladas cuantas dificultades se derivan de ellos.

Quien se engolfa en multitud de pormenores, sin la brújula de los principios, queda como viandante perdido en el bosque sin sendero que le guíe entre la espesa masa de árboles. Los pormenores se lo engullen, mientras que el hombre de principios los abarca en toda su integridad.

Todo está sujeto a leyes y cada cosa obedece a su respectiva ley, por lo que es mucho error considerar las cosas con menosprecio de su índole. Los pormenores son la letra; la ley el espíritu; y lo mismo al arte que a la ciencia, literatura, comercio y religión conviene el conocido apotegma: *la letra mata y el espíritu vivifica.*

La importancia del cuerpo humano, no obstante su maravillosa contextura, está subordinada al espíritu, porque si el espíritu vuela, perece y se desintegra el cuerpo. Asimismo, la importancia material de cualquier negocio, con todos sus complicados pormenores, está subordinada a los vivificantes principios que lo animan y sin los cuales se malograría.

Por lo tanto, la prosperidad material requiere el espíritu de prosperidad que consiste en la austera virtud. La mayoría de las gentes cifran la prosperidad en el dinero, las posesiones, los placeres, el regalo y las comodidades por cuya obtención se esfuerzan; pero una vez adquiridas echan de ver que no le ofrecen la dicha prometida.

La prosperidad es, en su origen, un espíritu, una disposición del ánimo, una actitud de la mente, una fuerza, una vívida actuación ética que acaba por manifestarse exteriormente en forma de abundancia, riqueza, poder, gozo y felicidad. Así como nadie falto de numen puede ser un genio con sólo el intento de componer poemas, tratados y dramas, pues la obra es efecto y no causa del ingenio, así tampoco nadie puede gozar de prosperidad con sólo amontonar bienes materiales, sino que debe adquirir y fortalecer aquel espíritu de virtud cuyas consecuencias y añadiduras son los bienes materiales, porque el espíritu de virtud equivale al gozo espiritual que entraña la plena posesión de todas las cosas.

Los bienes de fortuna no proporcionan dicha de por sí, pues todas las cosas materiales están muertas e inanimadas sin el soplo del gozo espiritual residente en el corazón del hombre. En nosotros ha de estar la capacidad de ser dichosos mediante el legítimo y oportuno empleo de las riquezas cuya detención es un crimen.

El rico ha de ser dueño y no esclavo de sus riquezas, que han de ir dóciles tras él y no él afanoso tras de ellas. Infaliblemente buscarán las riquezas a quien posea las virtudes y cualidades constituyentes del reino de Dios y su justicia en que se contienen todas las cosas necesarias y verdaderas. Así «el reino de Dios está en nosotros».

Ricos hay enteramente dichosos por lo magnánimos, y los hay infelices y miserables por afanarse avarientamente tras las riquezas sin haber despertado en su interior el gozo espiritual.

¿Cómo puede ser dichoso un malvado aunque

tenga un millón de renta anual? En la verdadera prosperidad ha de haber aptitud, armonía y satisfacción. El rico es feliz cuando infunde el espíritu de felicidad en sus riquezas y no espera que las riquezas le den la felicidad. El rico dichoso es un hombre completo con plenas ventajas y responsabilidades, mientras que es miserable el rico cuya ignorancia le mueve a buscar en las riquezas la plenitud de vida únicamente hallable en su interior.

Así la prosperidad se cifra en la aptitud moral para usar y disfrutar legítimamente las cosas materiales necesarias a la vida terrena. Quien aspire a la libertad externa ha de conseguir primeramente la interna, porque si estuviese atado en espíritu por la debilidad, el egoísmo o la pasión ¿cómo podrá librarle de las ataduras el dinero? ¿no sería, por el contrario, un instrumento a propósito para apretarlas con mayor esclavitud?

Así vemos que los materiales afectos de la prosperidad no han de considerarse aisladamente, sino relacionados con las causas mentales y morales. Todo edificio tiene su oculta cimentación y por ello se mantiene en pie. También todo éxito definitivo tiene sus ocultas raíces y por ellas perdura. Los cimientos de la prosperidad son el *carácter,* y no hay en el universo mundo otro fundamento de prosperidad. Las verdaderas riquezas consisten en el bienestar, la salud, el contento, la satisfacción interna, el amor desinteresado y la paz del alma.

El rico malvado no disfruta de la verdadera riqueza, sino que, por el contrario, su fortuna es el potro de sus consuntivos vicios. La vida del hombre recto, justo y virtuoso es una continua bendición, un perpetuo éxito y una incesante dicha, no obstante los contratiempos y adversidades que le asalten en pormenor.

Recapitulemos brevemente para contemplar en conjunto las Ocho Columnas de la Prosperidad:

1.ª Energía.—La elevación de nuestro ser al grado máximo de actividad en el cumplimiento de una labor.

2.ª Economía.—Concentración de energía. Conservación y acertado uso de las riquezas materiales y morales.

3.ª Integridad.—Honradez inquebrantable. Cumplimiento fidelísimo de las obligaciones contraídas, independientemente de toda consideración de lucro o daño.

4.ª Método.—Subordinación de los pormenores a un plan definido de labor, de modo que el esfuerzo para cumplirla siga la línea de menor resistencia.

5.ª Simpatía.—Identificación moral con todos los seres.

6.ª Sinceridad.—Presentarse siempre y en todas partes tal como se piensa y siente, sin disimulos que encubran las malas obras hechas en secreto con las buenas obras hechas en público.

7.ª IMPARCIALIDAD.—Obrar en justicia, aunque redunde en perjuicio propio.

8.ª CONFIANZA PROPIA.—Mantenerse fijo en los eternos principios de la ley moral, sin apoyarse jamás en la inestabilidad de las cosas humanas.

¿Cómo puede fracasar quien fundamente su conducta en estas ocho columnas?

Su fortaleza será tal, que ninguna otra le aventaje. Sin embargo, habrá quienes sobresalgan en una o varias de estas cualidades y flaqueen en las restantes y este elemento débil provoque el fracaso; pero es una locura atribuir, por ejemplo, el fracaso de un hombre en los negocios a su escrupulosa honradez, porque la honradez jamás puede engendrar el fracaso, que ha de buscarse en la carencia de alguna buena cualidad indispensable para el éxito. Además, si la honradez determinara el fracaso, echaríamos un borrón sobre la buena fe del comercio y ofenderíamos a los numerosos comerciantes de buena fe. Un hombre puede sobresalir por su actividad, economía y método y flaquear en las otras cinco cualidades, por lo que fracasaría a causa de faltarle la integridad, una de las columnas angulares del éxito, de las cuatro cualidades fundamentales que a toda otra preceden en la evolución moral del individuo, sin las que no cabe adquirir las secundarias.

Además, si un hombre posee las tres primeras cualidades principales y falla en la cuarta, la carencia de método provocará la confusión y el desastre en sus negocios. Lo mismo ocurriría en cualquier combinación que hiciésemos de las cuatro cualidades primordiales necesarias a todo hombre, pues las secundarias son de índole tan sutil, que actualmente sólo pueden poseerlas imperfectamente la mayoría de los hombres.

Así es que para asegurar el éxito en cualquier modalidad de la vida activa es preciso levantar en el carácter las cuatro primeras columnas morales del templo de la Prosperidad, de modo que regulen nuestros pensamientos, nuestra conducta y nuestros negocios, sin prescindir jamás de ellas ni aun en las más acerbas o críticas circunstancias, porque al prescindir de ellas por la apetencia de lucro o por el temor de daño, debilitaríamos nuestra individualidad dejándola indefensa contra las acometidas del mal y los vituperios del enemigo. Quien persevere en los cuatro principios virtuales logrará completo éxito en sus empresas y asegurará establemente el templo de la Prosperidad. El perfecto ejercicio de estas cuatro virtudes es accesible a la voluntad de todo hombre que se determine a practicarlas, pues son tan claras y sencillas, que aun los mismos niños comprenderían su significado y no requieren costosos sacrificios personales, aunque sí rigurosa disciplina, sin lo que no cabe el éxito en este mundo de acción.

Sin embargo, los otros cuatro principios morales son de más difícil comprensión y ejercicio y demandan, en grado máximo, el sacrificio y la abnegación. Actualmente pocos hombres son capaces de eliminar el personal elemento que se opone a la práctica de estas cuatro virtudes; pero los pocos que en alto grado las cumplan acrecentarán su poderío, enriquecerán su vida y serán ornamento y gala del templo de la Prosperidad con singular y atractiva belleza que, aun después de su muerte, regocije y exalte a las gentes.

Pero quienes comiencen a edificar el templo de su prosperidad, según el plan trazado en esta obra, deben tener en cuenta que toda edificación requiere tiempo y es preciso erigirla pacientemente, ladrillo sobre ladrillo y piedra sobre piedra, de modo que las columnas queden sólidamente cimentadas. Y aunque invisible y callada, no es menos real y efectiva la edificación de este interno templo mental, del que, como del de Salomón, que tardó siete años en acabarse, puede decirse que «no se oía estrépito de herramientas ni golpe de martillo ni ruido de hacha mientras estaba en construcción».

De esta suerte ¡oh! lector, edifica tu carácter, levanta la casa de tu conducta, erige el templo de tu prosperidad. Pero no seas como el mentecato que cae y se levanta y a caer vuelve empujado por el mudable flujo de sus egoístas deseos; por el contrario, acomódate pacíficamente a tu labor, corona dignamente tu carrera y entrarás en el número de los sabios que edificaron su carácter sobre el firmísimo asiento de los inmovibles principios de la verdad eterna.

LIBROS RECOMENDAMOS

- Todo Sobre La Bolsa: Acerca de los Toros y los Osos, Jose Meli

- Piense y Hágase Rico, Napoleon Hill

- El Sistema Para Alcanzar El Exito Que Nunca Falla, W. Clement Stone

- La Ciencia de Hacerse Rico, Wallace D. Wattles

- El Hombre Mas Rico de Babilonia, George S. Clason

- El Secreto Mas Raro, Earl Nightingale

- El Arte de la Guerra, Sun Tzu

- Cómo Gané $2,000,000 en la Bolsa, Nicolas Darvas

- Como un Hombre Piensa Asi es Su Vida, James Allen

- El Poder De La Mente Subconsciente, Dr. Joseph Murphy

- La Llave Maestra, Charles F. Haanel

- Analisis Tecnico de la Tendencia de los Valores, Robert D. Edwards - John Magee

Disponible en www.bnpublishing.net

www.bnpublishing.net

www.ingramcontent.com/pod-product-compliance
Lightning Source LLC
LaVergne TN
LVHW041627070426
835507LV00008B/482